WERTE LESERSCHAFT,

was bewegt einen Franken, ein Buch über die Berliner Bierkultur zu schreiben? Langeweile, Liebe, Lust? Nun, langweilig wird einem Biersommelier in Franken sicher nicht, aber die Liebe zu Berlin und den Berlinern hatte mich (Markus Raupach) sofort gepackt, als ich vor etwa zehn Jahren zum ersten Mal vor dem Brandenburger Tor stand. Unbändiger Lebenswille, grenzenloser Optimismus und eine unglaubliche Vielfalt haben mich gepackt. Grund genug, regelmäßig wieder zu kommen, und dabei natürlich auch immer wieder ein Stück Bierkultur neu zu erkunden.

In den Jahren ist viel passiert, mittlerweile sind es weit über 20 Brauereien, die in der Hauptstadt und in Potsdam wieder ihre Sudpfannen heizen. Sicher, es gab Zeiten, wo Hunderte Braustätten die Luft Berlins mit Bierdunst erfüllten. Heute entwickelt sich die Spreemetropole jedenfalls wieder nach und nach zur Bierhauptstadt und hat von jeder möglichen Brauervita mindestens einen Vertreter zu bieten.

In den letzten Jahren habe ich viele neue Freunde gewonnen, und Berlin ist so etwas wie meine zweite Heimat geworden. **Grund genug für meinen Partner Bastian Böttner (Satz & Layout) und mich (Text & Fotos), nach zahlreichen Büchern rund um die fränkische und bayerische Bierkultur nun auch der Berliner Bierszene ein eigenes Buch zu widmen.** Ich habe jede aktive Brauerei persönlich besucht und ein ausführliches Interview geführt. Das Ergebnis

DEAR READER AND BEER FAN,

I'm sure you may wonder what could have possibly driven me, as a Franconian, to write a book about Berlin and its wonderful world of beer. Inactivity? Infatuation? Well, inactivity is out because it would be almost impossible for a beer sommelier or beer lover in Franconia to run out of things to do there, at least in terms of beer. Alas, it must have been the infatuation that got to me (Markus Raupach) in the end. And it's true; I am completely and utterly infatuated with Berlin and its people, and I have been ever since I first stood in front of Brandenburg Gate some ten years ago. I was struck by the unbridled spirit, limitless optimism, and unbelievable diversity that Berlin had to offer, and it has drawn me back in time and time again. On every visit I have gotten to know a little bit more about the city and its fascinating beer history. I am hooked!

A lot has happened over the years when it comes to beer in Berlin. Though there were times when there were hundreds of breweries filling the air with the rich smell of brewing beer, those times came and went. But a new beer era is upon us again! At the time of this book's publication, there are over 20 breweries spread out between Potsdam and Berlin. The area is becoming an epicenter for brewing that every brewer and beer fan needs to see, taste, and experience.

I have made a lot of good friends over the years on my visits, and I like to think of Berlin now as a second home. ***My partner Bastian Böttner (composition & layout) and***

finden Sie auf den nächsten 200 Seiten. Danach folgen über 100 der besten Bierstores und Bierpubs, vom urigen Vertreter aus den Gründerjahren bis zum neuen, hippen Craft Beer Tempel.

Es ist mir wichtig, an dieser Stelle auch noch ein Wort des Dankes unterzubringen. Zuallererst möchte ich den Berliner Brauern danken. Sie haben mich immer herzlich empfangen und mir bereitwillig die Tore ihrer Brauereien geöffnet. Und dann danke ich Simone und Sven Herzog, sowie dem restlichen Zehli-Bräu-Team. Neben den Übernachtungsgelegenheiten haben sie mir vor allem die vielen Hintergrundtipps gezeigt und mich viele Tage und Nächte durch ganz Berlin begleitet. Last but not least danke ich Kirsten Rhein und Locke Mckenzie für die perfekte Übersetzung ins Englische, noch dazu unter erheblichem Zeitdruck und mit viel persönlichem Engagement. Ohne diese wunderbaren Menschen wäre dieses Buch nicht möglich gewesen.

Wichtig ist vielleicht noch zu erwähnen, dass dieses Buch völlig unabhängig entstanden ist. Keine der beschriebenen Brauereien musste sich in irgendeiner Form beteiligen, weder finanziell, noch mit Freibier oder sonstigen Vergünstigungen. Sie halten ein rein journalistisches Werk in Händen.

Wir wünschen viel Freude bei der Lektüre und viel Spaß bei dem ein oder anderen Bier irgendwo zwischen Wedding und Potsdam!

I (text & photos) have written countless books on the beer cultures of our Franconian and Bavarian homes, so we decided it was time to do the same for Berlin, the result of which you are now holding in your hands: *200+ pages on its beer and its brewers, along with a list of the 100 best beer stores and beer pubs in the city, which can span from the rustic and the historical to the other end of the spectrum with the newest and the hippest craft beer temples in the city.*

One final thing that's important for me to mention before you begin your journey through Berlin's new and old beer history is that ***this book was created 100% independent of any outside forces.*** *None of the breweries listed here or portrayed in this book have been allowed to make any sort of financial contribution, whether monetary or even via free beer. What that means for you is that you have a pure, unbiased, journalistic effort, done out of love for Berlin and for beer!*

I hope you enjoy the journey. It will take you through all the various nooks and crannies of Berlin, through each of her neighborhoods, big and small, and we are quite sure that your journey will be nothing short of beer-rific!

ALLGEMEIN *GENERAL*

Seite Inhalt

BRAUEREIEN *BREWERIES*

Seite Brauerei

BIERKULTURSTÄTTEN *BEER CULTURE SITES*

Seite Bierkulturstätte

IMPRESSUM / KONTAKT

GuideMedia Verlag GbR
Grüner Markt 15
96047 Bamberg
www.guidemedia.de
info@guidemedia.de
Tel. 0951 5194166
Fax 0951 2084263

Produktion & Gestaltung:
GuideMedia GbR, Bamberg

Druck:
Louis Hofmann, 96242 Sonnefeld

ISBN-13: 978-3-981700-30-5

BERLIN, DIE BERLINER UND DAS BIER

Die Liebesbeziehung zwischen den Hauptstädtern und ihrem Bier hat eine sehr lange Tradition. Sehen wir erst einmal in die Bücher: In einer alten Festschrift sind die Worte überliefert: „Die Weiber im Hospital zum Heiligen Geist in Berlin brauten schon 1288 ein stark und gut Bier." Am 13. Juli 1370 einigten sich die Räte der Städte Berlin und Cölln auf einheitliche Regelungen zum Brau- und Ausschankrecht, denen 200 Jahre später eine 31 Paragraphen lange ausführliche Brauordnung folgen sollte.

Weißbier taucht schriftlich zum ersten Mal in einer Mühlenverordnung vom 9. September 1680 auf. Schon 40 Jahre vorher werden in einem Kochbuch das „kottbussische und das berlinische Weißbier" genannt. Übrigens dasselbe Kochbuch, aus dem ein Abgeordneter einmal ein Zitat für den Kanzler der Einheit fand: „Kohl erzeugt Blähungen und treibt schwarze Dämpfe ins Gehirn."

Jenseits der Literatur kann man allerdings noch ältere Zeugnisse der Berliner

BERLIN - THE PLACE, THE PEOPLE, THE BEER!

The love affair between the people of Berlin and their beer is one that has been around for a long, long time. Looking back into the history books we find an old commemorative publication proving that "the wenches of Berlin's Heiligen Geist hospital were brewing a good, strong beer all the way back in the year 1288." On 13 July 1370, the city councils of Berlin and Cölln agreed to standardize the laws on brewing and serving beer. 200 years later, this became a detailed 31-paragraph text on brewing regulations.

Wheat beer was first mentioned in a milling ordinance on 09 September 1680, though 40 years before that "Berlin and Kottbus Weißbier" were mentioned in a cookbook. Strangely enough, a German politician used that same cookbook for a quote in honor of the former German Chancellor, Helmut Kohl: "Kohl (cabbage) causes bloating and releases black vapors into the brain."

Even outside of the world of literature, Berlin's brewing history is all around us. During a dig in the 1930s archeologists found

Brautradition finden. Bei Ausgrabungen in den 1930er Jahren fanden die Archäologen in der Erde unter dem heutigen Stadtteil Berlin-Britz die Reste eines steinzeitlichen Dorfes. Die organischen Funde brachten zum Erstaunen der Wissenschaftler auch Spelzen, Stärkekörner und Gärhefebakterien zu Tage. 20 Jahre später entdeckte die nächste Archäologen-Generation in einem freigelegten Grab aus der Völkerwanderungszeit (um 400 n.C.) ein Tongefäß, in dem eindeutig Hefezellen nachgewiesen werden konnten, die heutiger Bierhefe ähnlich sind. Diese und weitere Funde führten zu dem Schluss, dass spätestens seit ca. 2.800 v.C. auf dem Gebiet des heutigen Berlin wie zeitgleich in Ägypten Bier aus Bierbrot gebraut wurde, allerdings in wesentlich geringerem Maßstab.

Weizen für das Brot

Bis zum 16. Jahrhundert dominierten die Rot- und Braunbiere die deutsche

the remains of a village from the Stone Age in the Berlin neighborhood of Britz. Much to their surprise, they found evidence of spelt, starch granules, and yeast bacteria. 20 years later, the next generation of archeologists discovered a clay pot from the Great Migration (400 AD) containing clear remnants of yeast cells conspicuously similar to modern day brewing yeast. This and other discoveries have led to the conclusion that the area now known as Berlin was making beer out of beer bread as early as 2,800 BC. That was around the same time that Egypt was making waves for doing exactly the same thing, in terms of brewing that is, though they were assuredly doing much less of it in Berlin than their famous Egyptian counterparts were.

Wheat for bread

Up to the 16th century red and brown beer made from barley dominated the German beer landscape. This is because in many areas of what is now known as Germany,

Bierlandschaft, beide aus Gerstenmalz gebraut. In vielen Gegenden war der Weizen als Brotgetreide besonders geschützt, und das Brauen damit mannigfaltig unter Strafe gestellt. Dennoch erfreute sich das „weiße Bier" zunehmend großer Beliebtheit, wenn es verfügbar war. Wallenstein schrieb beispielsweise 1628 während des Dreißigjährigen Krieges an seinen Feldmarschall: „Dieweil ich das Gerstenbier nicht trinken kann, bitt, der Herr thu die Anordnung, auf dass [...] vor mich Weizenbier gebracht werde." Am säuerlichen Aroma des Weißbieres lag das aber nicht. Zu dieser Zeit wusste man noch nicht viel von Hefe und der Mikrobiologie, weswegen die Wissenschaft allgemein davon ausgeht, dass seit der Erfindung des Bieres um 7000 v.C. alle Biere eine natürliche Säure enthielten. Denn Brauverfahren und niedriger Alkoholgehalt boten eine breite Angriffsfläche für Bakterien aller Art.

wheat was a protected product to be used only for the making of bread. In fact, the misuse of wheat crops for brewing was a punishable crime! Nevertheless, this "white beer" (weissbier = beer made from wheat) was an extremely popular commodity whenever and wherever it was available. During the 30 Years' War in 1628, for example, Albrecht von Wallenstein wrote, "I can no longer drink barley beer. Please arrange that some wheat beer be brought for me." The sour aroma of the wheat beer had nothing to do with its popularity, however. At the time people knew very little about yeast and microbiology, and it is generally accepted that beer had a natural sour note to it from its discovery in 7000 BC onward, especially as its lower alcohol content created the perfect breeding ground for all sorts of bacteria.

370 Liter Bier pro Kopf

Bekannte Weißbiere des 16. Jahrhunderts kamen z.B. aus Hamburg, Magdeburg, Goslar, Hannover und Lübeck. Berlin und Cölln hatten sich schon bald nach ihrer Gründung zu einer ansehnlichen mittelalterlichen Kleinstadt, seit 1307 mit gemeinsamem Rathaus, entwickelt. Ein wichtiges Exportgut war Getreide. Mönche und Handwerker siedelten sich an, womit schon Ende des 13. Jahrhunderts die Voraussetzungen für die Entwicklung einer eigenen Braukunst gegeben waren. Aus dem Jahr 1648 ist die stolze Zahl von 250 Braustätten überliefert. Ab 1685 kamen die aus Frankreich vertriebenen Hugenotten nach Berlin, die zusätzliche Brauereien gründeten. 1770 waren es 289 Berliner Braustätten, von denen 30 Weißbier brauten. Danach wurde die Zahl der Brauereien wieder kleiner, bis es nach der Reichsgründung 1871 zu einem erneuten, von der zunehmenden Industrialisierung und den französischen Reparationen unterstützten Aufschwung des Brauwesens kam. Berlin wurde zu einer der größten Städte der Welt. 1892 gab es 77 Braustätten (24 Weißbierbrauereien), 1903 dann 124 (20). Und auch der Durst der Berliner nahm beachtliche Ausmaße an. 1730 tranken sie pro Kopf 370 Liter Bier, 1898 206 Liter und 1976 immerhin noch 125 Liter.

370 liters of beer per capita

The most famous wheat beers of the 16th century came from Hamburg, Magdeburg, Goslar, Hannover, and Lübeck. Shortly after their founding, the two villages of Berlin and Cölln had developed into a single quaint medieval city where grain was a very important export. Monks and craftsmen began to flock to the area, providing all the necessary elements for the first breweries to have developed by the end of the 13th century. In 1648, there was evidence of 250 breweries in the area, and this number only increased with the advent of the Huguenots from France in 1685. In 1770, the number had grown to 289 breweries in Berlin, 30 of which were brewing wheat beer. At that point Berlin brewing began to dip until the founding of the German Empire in 1871, when industrialization and the French Reparations helped boost beer production once again. By the end of the 19th century Berlin was one of the largest cities in the world, and they needed many breweries to help quench the people's thirst. In 1892, there were 77 breweries (24 who brewed wheat beer) in the city. By 1903, this had grown to 124 (20 wheat beer) breweries! The breweries were booming and the thirst of Berlin was there to greet it. In 1730, the Berliners drank 370 liters of beer per capita. In 1898, it was down to 206 liters and by 1976 consumption had declined to what could be still be considered a solid 125 liters, especially when looking at today's consumption standards.

Tradition wird wiederbelebt

Der Stern des Berliner Weißbieres sank aus zwei Gründen: Erstens war seit der Mitte des 19. Jahrhunderts die „bayerische" – untergärige – Brauweise auf dem Vormarsch. Das neue Bier galt zu Recht als einfacher und billiger herzustellen, sowie qualitativ stabiler. Zweitens war die Berliner Weiße ein typisches Vergnügen des gesetzten Bürgertums der Biedermeierzeit. Der Anteil der Fabrikarbeiter nahm mit der Industrialisierung immer mehr zu, die – nicht zuletzt während der Arbeit – gerne auf leicht verfügbares (untergäriges) Flaschenbier zurückgriffen. Dennoch konnte sich das typische Berliner Getränk bis zur Jahrhundertwende halten, danach kam Stück für Stück das Aus für Weißbierstuben wie „Päpkes Jeheimratskneipe" (Jerusalemer Straße), „Clausings Weißbiermekka" (Zimmerstraße) oder „Haases Weißbierstuben" (Französische Straße). Den „Nußbaum" im Nikolaiviertel gibt es heute noch bzw. wieder. Nur Kindl/Schultheiss im Westen und die Willner-Brauerei im Osten hielten die Tradition aufrecht. Einige Brauer des neuen Jahrtausends schicken sich nun allerdings an, diese fast vergessene Tradition wiederzubeleben, wie man auf den späteren Seiten dieses Buches nachlesen kann.

Tradition revived

The decreasing popularity of the Berliner Weissbier can be attributed to two main factors: 1) Since the middle of the 19th century, the popularity of the "Bavarian" bottom-fermenting lager beer was gaining ground. Apparently the new lager style was both cheaper and easier to produce while qualitatively, it was also a more stable product. 2) The Berliner Weisse had become directly associated with the bourgeoisie of the Biedermeier Period. During the industrial era, the number of factory workers was growing every day, and a nice bottle of (lager) beer was a typical and avid pleasure for them to enjoy both in their free time and also at work. Nevertheless, our beloved Berliner Weisse held out until the turn of the century, when Weissbier bars like Päpkes Jeheimratskneipe (Jerusalemer Straße), Clausings Weißbiermekka (Zimmerstraße), and Haases Weißbierstuben (Französische Straße) began dropping like flies. A final example of a bar from this period, called the Nußbaum, still exists in the Nikolaiviertel. However, only the Kindl/Schultheiss in the West and the Willner Brauerei in the East kept the tradition of brewing Berliner Weisse alive. Only now, at the beginning of a new millennium, are we seeing brewers who are starting to take up the reins in order to revive this old, esteemed tradition of Berlin. You will read a bit more about them and the various adventures of brewing in Berlin later in this book.

Geheimnis der Berliner Weiße

Doch was macht die „Berliner Weiße" nun aus? Hier macht es erst Sinn, diesen Bierstil in seiner klassischen, klar definierten Form aus dem 19. Jahrhundert zu betrachten. Kurz gedarrtes Malz sorgte für den festen Schaum, der Hopfen (0,75 bis 1 kg/100 kg Malz) wurde bereits während des Einmaischens zugegeben, die Würze nicht gekocht und mit 72,5°C auf das Kühlschiff gegeben. Man dachte, dass dadurch ein großer Teil der im Malz (Weizen- und Gerstenmalz im Verhältnis 4:1 bis 1:1) enthaltenen Mikroorganismen den Brauprozess überleben könnten. Anschließend gaben die Brauer obergärige Bierhefe und Milchsäurebakterien, in etwa im Verhältnis 5:1, dazu, wahrscheinlich bewusst oder unbewusst auch andere Hefestämme. Vergoren wurde sechs Tage bei 14 bis 18°C, wobei sich nach zwei Tagen der typische Hefeschaumteppich auf dem Bier und insgesamt der Hauptteil der Säure bildete. Nun kam das Bier in Flaschen, wo es leicht nachgärte und mindestens 14 Tage lagern musste. Bierliebhaber ließen die Flaschen allerdings sechs Monate und deutlich länger lagern, um den vollendeten Geschmack genießen zu können. Die Stammwürze lag bei 7 bis 8%, der Alkoholgehalt um 2,5 bis 3%. Wissenschaftliche Studien ergaben, dass die

What makes a Berliner Weisse

So what exactly makes a Berliner Weisse? First, it is probably best to look back on this style in its classically defined form from the 19th century. Lightly kilned malt ensured a heavy head, hops (0.75 – 1 kg/100 kg malt) were added to the first mash, the wort wasn't boiled but was poured into the cooling vessels at 72.5°C. The thinking behind this was that many of the microorganisms contained in the malt (wheat and barley in a ratio of 4:1 to 1:1) could then survive the brewing process. In addition, the brewer also added ale yeast and lactic acid bacteria at a ratio of around 5:1. Most likely other yeast cultures were also added, though this may have been intentional or unintentional. The beer was left to ferment for six days at 14 to 18°C, although the familiar yeast foam, and assumedly also the majority of sourness, had already developed by day two. From there the beer was filled into bottles, where it would undergo a light secondary fermentation and was then left to lager (store) for at least 14 days. Fans of the style are prone to let their bottles sit for six months of more, however, in order to experience the full flavors of the beer. The original gravity of the beer was around 7-8 %, resulting in an abv of 2.5-3%. Now, scientific tests have shown that the bacteria in the malt contribute only nominally to the flavor of the Berliner Weisse. The yeast used along with the unique micro-

Bakterien aus dem Malz nur zu einem geringen Teil verantwortlich für die Qualität der Weiße waren, vielmehr das verwendete Hefegemisch und das in der jeweiligen Brauerei vorhandene sonstige mikrobiologische Klima. Zu den wichtigen Wildhefekulturen gehörten vor allem verschiedene Stämme der Brettanomyces-Hefe, die in der Flasche den restlichen Zucker unter Säure- und Esterbildung verarbeiteten.

Pur oder gemischt

Als Weißbier-Glas setzte sich neben verschiedenen Pokal-Varianten vor allem das „Klauenglas“ durch, ein einfacher Zylinder, den man mit beiden Händen, den „Klauen“, anfassen musste und den es auch in größerer Form für eine „Doppelweiße“ gab. Beliebt war auch die „Rundenweiße“. Ein Klauenglas stand in der Tischmitte, und jeder in der Runde trank abwechselnd daraus. Die Mischung mit anderen Getränken bildete sich erst spät heraus. Neben der Variante mit Waldmeister- oder Himbeersirup kenne die Berliner auch die „Weiße mit Strippe“, also mit Kümmellikör und oft einigen Orangenscheiben. Echte Weiße-Fans bevorzugen allerdings den puren Genuss.

biological climate of each brewery played the lion's share of the role. Amongst the wild yeast cultures present, the most prevalent are the various strains of Brettanomyces yeasts, which process the residual sugars in the bottles into ester and sour notes.

Pure or mixed

When looking for the best glass to enjoy your Berliner Weisse from, various goblet versions are favored, but the "Klauen" glass is the most popular style. Be on the lookout for its larger brother, the "Doppelweisse", as well. Historically, a favored method of drinking Berliner Weisse was called the "round weisse," in which a Klauen glass is set in the middle of a table and participants take turns drinking from it. The idea of mixing the Berliner Weisse with other syrups was, in fact, a much later development. Along with the waldmeister and raspberry variations, the "Weisse with Strippe" (a Weisse with caraway liqueur) served with a single orange slice was also quite popular. True Berliner Weisse fans, however, prefer to drink their Berliner Weisse pure so that nothing can distract them from enjoying the special flavors of their beer.

Berlins Brauereien
Brewerys in Berlin

! Nummer = Seitenzahl im Buch / Gastronomie-Orte siehe Portraits!
Number = page in book / location of gastronomy see portraits!

PANKOW
LICHTEN-BERG
MITTE
MARZAHN HELLERSDORF
FRIEDRICHS-HAIN KREUZ-BERG
TEMPELHOF SCHÖNEBERG
NEUKÖLLN
TREPTOW KÖPENICK
170
92
160
66
58
100
28
156
140
112
178
104
160
132
42
18
146
54
VAGABUND BRAUEREI
NATUR PUR IST UNSER BIER
BRAUHAUS IN SPANDAU
GASTHAUS · BRAUEREI · HOTEL
BIER FABRIK BERLIN
TILSITER HELL UNFILT
PFOTEN WEG. KRALLEN RAUS. HERZHAFT, SÜFFIG, UNFILTRIERT. EIN MARZAHNER. BITTE.
MARZAHNER
Braumanufaktur
Geld allein macht nicht glücklic
Trinkt
www.braumanufaktur.de
GEORG BRÆU
BRAUHAUS
BERLINS ORIGINAL
BREWBAKER
BIER MANUFAKTUR
BRAUHAUS LEMKE
Eine Frage der Ähre
ESCHENBRÄU
WEDDING
HOPS & BARLEY
HAUSBRAUEREI
BRAUHAUS SÜDSTERN
Trink gut, trink besser, trink Flessa
FLESSA BRÄU

ALTE BÖRSE MARZAHN

Beilsteiner Straße 51, 12681 Berlin
Tel. 030 55074074
www.alte-boerse-marzahn.de
tägl. ab 9 (Winter nur Sa/So)

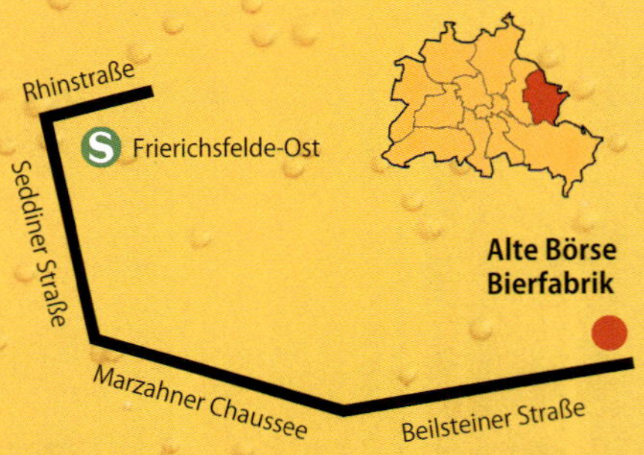

S Friedrichsfelde Ost

DAS BIERKUNST GELÄNDE

ART AND BEER

„Jeder, der bei uns ein Bier trinkt, hilft mit, die Kunst zu fördern", so fasst Peter Kenzelmann die Philosophie seiner Gasthausbrauerei „Alte Börse" zusammen. Nach Bäckerei und Verlagsarbeit verschlug es den gebürtigen Allgäuer vor drei Jahren nach Berlin. Neben Quiz- und Lernkarten sowie Unternehmer-Seminaren verschaffte er sich mit seinem Gelände in Marzahn Hobby und neue Aufgabe zugleich.

Der alte Viehhandelshof von 1902 blickt auf eine wechselvolle Geschichte zurück. Unter den Nationalsozialisten hatte die Wehrmacht hier ihr Quartier aufgeschlagen, später stellten die Russen ihre Militärfahrzeuge ab. Die NVA schließlich übte die alljährlichen Paraden, bis nach dem Ende der DDR die Natur dabei war, sich das Areal zurückzuholen.

Zusammenspiel der Kräfte

Peter Kenzelmann allerdings hatte eine Vision: Er sah hier den idealen Platz für ein Zusammenspiel aller möglichen regionalen Kräfte. Hand-

"Every person that drinks beer here is supporting art at the same time." This is how Peter Kenzelmann describes the philosophy behind his brewpub, Alte Börse. Originally from the Allgäu in Bavaria, had big dreams. Three years ago he moved to Berlin and started attending entrepreneurship seminars with the goal of making his dream a reality. On this property in Marzahn, he has.

The building itself, known as the "Alte Viehhandelshof," looks back on over a 100-year history: During WWII it housed the Nazi Wehrmacht. The Russians then used it for their military vehicles until the GDR army started training on the grounds for its annual parade. After the fall of the wall, it was left to go to ruins.

All come together

Thankfully, Peter Kenzelmann had a vision: In the Alte Viehhandelshof he saw an ideal space for craftsmen, artists, and farming to come together. Of course, food and drink would also find

GASTRONOMIE

ALTE BÖRSE MARZAHN
Beilsteiner Straße 51
12681 Berlin

tägl. ab 9 (Winter nur Sa/So)
030 55074074
www.alte-boerse-marzahn.de
Friedrichsfelde Ost

werker, Künstler, Landwirtschaft und natürlich auch Gastronomie. So kaufte er 2013 einen Teil des Geländes, richtete seine Gaststätte mit Brauerei ein und vermietete die weiteren Gebäude günstig an Künstler und Freischaffende. Die Überschüsse aus der Gastwirtschaft subventionieren dabei die Künstlermieten. Neben der kleinen Gasthausbrauerei, die im Juni 2014 eröffnete, sollte eigentlich auch noch eine große Brauerei Einzug halten, die durch die bald geschlossene Kooperation mit der Berliner Bierfabrik GmbH nicht mehr nötig war. Auch wenn die drei Jungs der Bierfabrik die Gasthausbrauerei betreiben,

a welcome space. In 2013, Kenzelmann purchased a portion of the property for his brewpub. The remaining buildings he rents out to artists and freelancers for cheap, using the profits from the restaurant to subsidize their rents. Alongside the brewpub, there were originally plans for a second larger brewery to move onto the property, but this was no longer necessary thanks to the help of the Berliner Bierfabrik team. Now the three guys from the Bierfabrik run the brewpub, and Kenzelmann organizes brewing courses with the assistance of an experienced female home brewer.

veranstaltet Kenzelmann dort eigene Braukurse mit einer engagierten Hobbybrauerin.

Zukunft mit gehopfter Vorderwürze

Zu dem „Marzahner", einem gut gehopften Pils, sollen bald noch weitere Biersorten kommen. Am wichtigsten ist Kenzelmann allerdings die Erweiterung um alkoholfreie Getränke aus dem Braukessel. Hier will er demnächst schon einen Malztrunk anbieten, und später vielleicht auch gehopfte Vorderwürze. Seine Biere sollen „Biere für jedermann" sein, im positiven Sinne simpel und bodenständig. Aktuell gibt es die Erzeugnisse aus der 2,5 hl Anlage auch in der 2 Liter Flasche zum Mitnehmen, doch bald wird die Füllerei der Bierfabrik dafür sorgen, dass die Gäste auch kleinere Flaschen erstehen können. Als kleines Bonbon plant Peter Kenzelmann außerdem noch die Eröffnung einer kleinen Brezelbäckerei, das wäre für ihn die „perfekte Ergänzung zum selbstgebrauten Bier".

Hopped future

Looking at the beer, Alte Börse currently boasts a heavily-hopped pils known as the Marzahner. In the near future Kenzelmann plans to greatly expand this range, which will also include a wide variety of alcohol-free drinks. The next drink on the docket is a malt beverage, and a hopped version will follow soon thereafter. When discussing his beers, Kenzelmann is adamant that they should be approachable, simple, and down-to-earth. Currently, you can take home a 2 liter bottle of Marzahner, but smaller bottles will also be available once the Bierfabrik's bottling facility is up and running. As a final treat, Kenzelmann is planning to open a small pretzel bakery. "The perfect compliment to a good beer," he says.

MEHR: WWW.ALTE-BOERSE-MARZAHN.DE

ANDREAS BOGK

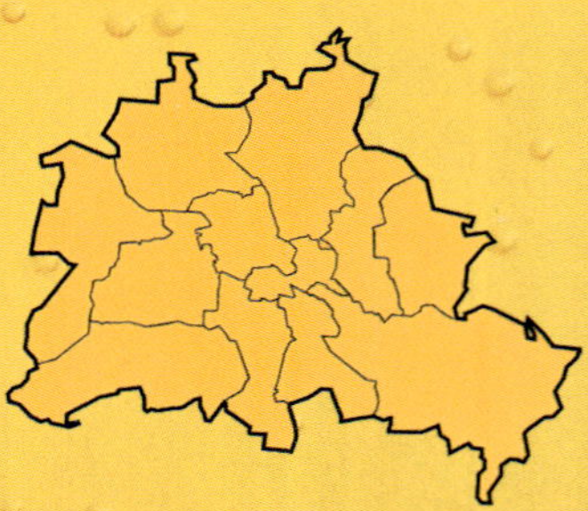

- -
- -
- www.bogk-bier.de
- s. Website
- -

DER BIER-PROGRAMMIERER

Es gibt wahrhaft viele unterschiedliche Brauerlebensläufe, bei dem 39jährigen Andreas Bogk finden wir aber sicher einen der außergewöhnlichsten, zumindest in Berlin. Denn er kommt eigentlich aus der professionellen Hacker- und Programmiererszene. Also von denen, die am Anfang ihrer Karriere eher auf der dunklen Seite der Macht stehen, später aber dann den Firmen helfen, Sicherheitslücken zu finden und zu schließen. Auch Hacker haben Hobbys.

Und so fand im Rahmen des Brucon-Kongresses 2010, einer Hacker-Konferenz in Belgien, abends ein Brauworkshop statt. „Das sieht eigentlich ganz einfach aus, das kann ich doch bestimmt auch", dachte sich Andreas, „also habe ich mir zwei 36-Liter Töpfe besorgt und in meiner Küche angefangen Bier zu brauen." Der erste Sud, eine fertige Klosterbiermischung, ging prompt schief, aber davon ließ sich der hartnäckige Tüftler nicht abhalten. Er wurde immer besser, auch andere Bierstile wie IPA, Bitter oder Weizen gelangen. „Aber

HACKING BEER

Though the paths to becoming a brewer are various, 39-year-old Andreas Bogk definitely took one of the roads least traveled, at least in Berlin: Bogk started his career as a hacker and IT specialist. Thankfully for us, it seems hackers also have hobbies, and Bogk found his in 2010 at a hacker conference in Belgium, where they offered a brewing workshop one evening.

"I thought it looked simple enough, so I bought two 36-liter pots and started brewing in my kitchen," said Andreas. Though his first batch (an attempted abbey beer) went south, Bogk was determined, and the more he worked at it, the better he got, even with styles like IPAs, bitters and weizens.

Running out of arguments

"At some point my wife started to complain, though," Bogk says. "Our kitchen was starting to look like a brewery. There were brewing vessels and equipment everywhere, and I was running out of arguments." This led Bogk to a basement in Kreuzberg

dann hat sich meine Frau beschwert", so Bogk, „unsere Küche sah aus wie eine Brauerei, überall standen Gefäße und Gerätschaften herum, da gingen mir die Argumente aus." Also mietete er sich in Kreuzberg einen Keller und richtete sich dort eine Brauerei ein. Die nötigen Mittel besorgte er sich über ein besonderes Crowd Funding. Er animierte seine Unterstützer, ihr Geld in die Rettung der Berliner Weißen zu investieren. 2012 war die Brauerei eingerichtet, und Bogk machte sich sofort ans Werk. Er recherchierte, fand in diveren Doktorarbeiten und anderen

where he built himself a brewery with the help of an ingenious crowd funding campaign to "save the Berliner Weisse."

On search for microorganisms

In 2012 the brewery was completed and Bogk got down to work. He pored over doctoral theses and dry historical papers on Berlin's beer origins until he became a walking encyclopedia. "The Berliner Weisse can be traced back to 1680. At that point they had to source the yeast for every batch from Cottbus. It wasn't until 1830 that

wissenschaftlichen Schriften Hinweise auf das ursprüngliche Berliner Bier.

Auf Bakteriensuche

„Die Berliner Weiße ist ab 1680 nachweisbar. Damals kam die Hefe für jeden Sud aus Cottbus. Ab 1830 hatte sich dann ein eigenes stabiles symbiotisches Gemisch verschiedener Mikroorganismen gebildet, mit dem die örtlichen Brauereien ihre Weiße herstellten." Eine besondere Rolle spielt dabei der Hefestamm Brettanomyces, von dem Bogk einen eigenen Berliner Ableger vermutete. „Eines Tages saß ich dann in einem Berliner Labor und habe eine erhaltene Flasche Berliner Weiße von der Willner Bräu geöffnet. Die stammte aus den 1980er Jahren. Da waren noch Bakterien drin, die ich zum Wachsen bringen konnte."

Dazu bestellte er sich noch weitere Mikroorganismen und Zellkulturen vom Leibnitz-Institut in Braunschweig. Und tatsächlich: Am Ende kam ein Bier heraus, was der Berliner Ur-Weißen sehr nahe kam. Einzig der Schaum fehlte. Andreas musste wieder tüfteln und fand am Ende die Lösung: Das Malz. Wie bei vielen anderen Bier-Rohstoffen ist die Qualität der heutigen Produkte so gut, dass man mit ihnen die alten Rezepte nicht mehr gut nachbrauen kann. Also ergänzte er Spitzmalz, also nur minimal angekeimtes Getreide, um die Qualität

they were able to establish the right ecosystem for the microorganisms locally."

In Berliner Weisse, one of the principle microorganisms is the yeast strain brettanomyces, and Bogk believes he may have found an original Berlin strain! "I managed to get my hands on a preserved bottle of Willner Bräu Berliner Weisse from the 1980s. I opened it up in a lab and found bacteria inside that I was able to cultivate."

" SOON I WANT TO START MY OWN MINI-MALTHOUSE WHERE I CAN CONTINUE TO WORK ON IT.

He then began ordering other microorganism and cell cultures until one day it seemed he had done it: He had produced a beer about as close to the original Berliner Weisse as one can get. Only the head was lacking. So Andreas got back down to work until he found a solution: The malt. Like so many of beer's raw ingredients, the quality we have now is actually too good to reproduce old recipes. Once Bogk started adding a special, low-germination malt (thereby simulating malt from the 19th century), his Berliner Weisse started having a head. "It's not perfect yet. But soon I want to start my own mini-malthouse where I can continue to work on it."

des Malzes aus dem 19. Jahrhundert zu simulieren, und der Schaum war da. „Es ist allerdings noch nicht ganz perfekt.

„ MEIN ZIEL IST EINE EIGENE KLEINE MÄLZEREI, WO ICH DAS WEITER VERFEINERN KANN

Mein Ziel ist eine eigene kleine Mälzerei, wo ich das weiter verfeinern kann", so der Brauer. Es dauerte über 18 Monate, bis Andreas Bogk mit seiner 50 Liter Anlage seine Verpflichtungen aus dem Crowd Funding erfüllt hatte, immerhin mehr als 2.000 Flaschen Bier, und dann erreichte ihn auch gleich ein Rückschlag. Der Vermieter kündigte den Keller, und Andreas musste 2014 wieder ausziehen.

Neue Bleibe gefunden

So einfach lässt sich ein hartnäckiger Programmierer aber nicht entmutigen. Andreas hat bereits eine neue Bleibe gefunden: Die ehemalige Willner Bräu. Dort stehen noch Teile der alten Brauanlage, und im Garten gibt es seit kurzem wieder eine Gastronomie. Über den Winter 2014/2015 will Andreas Bogk in den Räumen des alten Sudhauses seine Brauanlage wieder aufstellen und dann nochmal richtig durchstarten. Dann soll

Next brewing challenge

Using his 50-liter system, it took Andreas over 18 months to fulfill his crowd funding promise (which was over 2,000 bottles of beer!), but he did it. But just as he was ready to take on his next brewing challenge Bogk's landlord sold the brewery property, and in 2014 Bogk had to go as well.

„ MY WIFE CLAUDIA ABSOLUTELY LOVES THE BELGIAN TRAPPISTS ...

Thankfully, it seems programmers are not so easily defeated, and Andreas has found a new home. Appropriately enough, it is the former home of the Willner Bräu brewery. During the winter of 2014/15 Bogk will be moving his system into the old brewhouse and should be up and running shortly thereafter.

When asked about his plans, Bogk says he now has more than just Berliner Weisse on the menu. "My wife Claudia absolutely loves the Belgian Trappists, and I also want to put an end to an old joke they apparently tell in America. They say Ger-

es allerdings nicht nur um die Berliner Weiße gehen: „Meine Frau Claudia steht voll auf die belgischen Trappistenbiere, und dann hab ich mal einen alten amerikanischen Witz gehört: German Beer is like a dead Rabbit – No Hops! Also möchte ich mich auch an IPAs und ähnlichen Bieren versuchen.“ Vom der guten Qualität des Trappistenbieres konnten

„ GERMAN BEER IS LIKE A DEAD RABBIT – NO HOPS!

wir uns bereits überzeugen. Zur Verwirklichung seiner Pläne braucht es allerdings noch eine Investition: „Mit 50 Litern Kapazität kommt man auf keinen grünen Zweig. Da müsste ich 40 Euro pro Flasche nehmen, wenn ich wirklich betriebswirtschaftlich kalkulieren würde. Ab 10 hl könnte man wirklich von einer Brauerei leben.“ Wir drücken dem IT-Sicherheitstechniker und Vater zweier Kinder beide Daumen, dass ihm auch hier die Umsetzung gelingt.

man beer is like a dead rabbit. No Hops! So I've got an IPA and a few other ideas in the pipeline as well."

Now comes the next hurdle for Bogk and his future: Investment. "Using a 50-liter system it's hard to get any real returns. I would have to charge 40 euros a bottle to make my accountant happy, but that's not a business. You need at least a 10 hl capacity to live from your brewery."

Well, we will certainly keep all of our fingers and toes crossed for you!

MEHR: WWW.BOGK-BIER.DE

BERLINER KINDL-SCHULTHEISS-BRAUEREI

Indira-Gandhi-Str. 66-69, 13053 Berlin

030-9609579

www.berliner-kindl.de

Brauereiführung Mo-Do 10, 14, 17.30

-

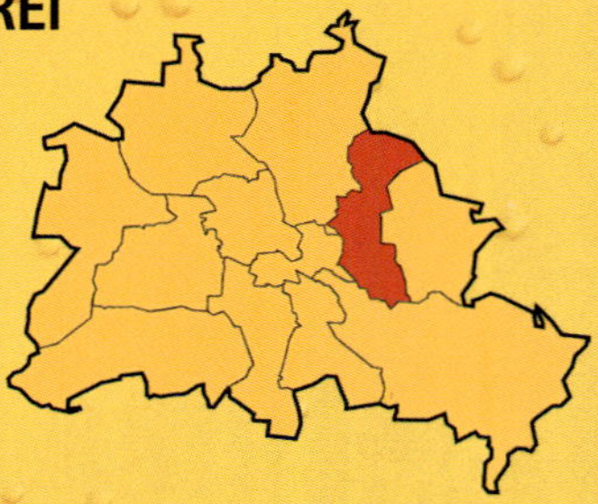

VEREINTE TRADITIONEN

Die heutige Brauerei entwickelte sich aus zahlreichen, teils sehr traditionsreichen Berliner Braustätten, die nun alle unter einem Dach vereint sind und zur Radeberger Gruppe (Oetker-Konzern) gehören. Die gemeinsame Braustätte liegt etwas außerhalb in Indira-Gandhi-Straße unweit des Sportforums und bietet regelmäßige Besichtigungen an. Mit einem Ausstoß von 1,5 Millionen hl pro Jahr übertrifft die Brauerei den Ausstoß der Kindl-Brauerei vor dem Ersten Weltkrieg nur um 100.000 hl.

Berlin war also schon immer eine große Bierstadt, und ist ja auch aktuell dabei, wieder zur Biermetropole des Landes zu werden. Wir möchten im Folgenden die Geschichte einiger Teilunternehmen kurz skizzieren. Deren Image ist teils noch tief in der Seele der Hauptstädter verankert, für die es teilweise undenkbar ist, dass Biermarken, die die Berliner über Jahrzehnte in verschiedene Fangruppen gespalten haben, nun zu ein und derselben Brauerei gehören.

JOINED FORCES

Today, the Berliner-Kindl-Schultheiss-Brauerei is a collection of many smaller, more traditional Berlin breweries, which have joined forces under the umbrella of the Radeberger Group and its parent company, Oetker. The large brewery complex is located just off Indira-Gandhi Strasse (street) and offers regular tours to visitors. With a production of over 1.5 million hl per year, the current day brewery has exceeded the Kindl-Brauerei's previous record by 100,000 hl. Of course, that record had not been broken since before WWI. Alas, proof that Berlin was and is once again being reborn as a city of beer.

This next section will detail the individual histories of these smaller, more traditional Berlin breweries now comprising this conglomerate. Gone, but certainly not forgotten, their stories have been yearning to be revisited for some time now. So, without further ado…

SCHULTHEISS-BRAUEREI AG

Die Geschichte des Unternehmens beginnt 1842 mit dem Apotheker Heinrich Prell, der zu in diesem Jahr die Braustätte Nummer 36 in der aufstrebenden Metropole errichtete. Zu der Brauerei in der Jakobstraße 26 gehörte auch ein Bierkeller auf dem Gelände der heutigen Kulturbrauerei an der Schönhauser Allee. Der war nötig, weil in der Jakobstraße der Grundwasserspiegel zu hoch lag, um das gebraute Bier vor Ort lagern zu können. Also rollten regelmäßig große Fuhrfässer auf den Keller. Die Brauerei hatte sofort großen Erfolg und erreichte schon im Gründungsjahr einen Ausstoß von 1.500 hl Bier. Nach dem Tod von Prell kaufte Jobst Schultheiss, Inhaber eines Putzgeschäftes in der Brüderstraße, die Brauerei nebst Gasthaus und Bierkeller. Damit war der Name Schultheiss in der Berliner Bierszene angekommen, der sie bis heute prägen sollte.

Von 1860 ist ein Ausstoß von 10.000 hl überliefert, was etwa einem Siebtel der Gesamtproduktion der damals 41 Brauereien entsprach. Schultheiss verkaufte den Betrieb nach elf Jahren, der Name blieb, und das Unternehmen verzeichnete weiterhin einen großen Aufschwung. 1871 wurde es zur Aktiengesellschaft mit einem Stammkapital von 1,5 Millionen Mark, 1904 war ein

SCHULTHEISS-BRAUEREI AG

The company's history began in 1842, when pharmacist Heinrich Prell founded Brewery Number 36, in the emerging metropolis of Berlin. As the water table at Brewery Number 36 was too high to build a storage cellar (Lagerkeller) for its beer there, the brewery had to acquire an additional property nearby, in order to ensure the proper storage of their beer. This additional property is located right where the Kulturbrauerei now stands today (on Schönhauser Allee). It was because of this separate location, that it became a regular site to see the barrel carts rolling down the streets from Jakobstraße 26 to the cellar, in the 1800s.

The brewery was an immediate success, and was producing upwards of 1,500 hl in its founding year! After Prell's death, the brewery was purchased by Jobst Schultheiss, the owner of a plastering business on the Brüderstraße. With this, the Schultheiss name became a permanent fixture of the Berlin beer scene.

In 1860, the brewery reached a production of 10,000 hl, making it 1/7 of Berlin's total beer production, though there were some 41 other breweries competing for market share as well. Schultheiss sold off the brewery 11 years later, but the name stayed, and the company continued to thrive. In 1871, it became a stock company with a share capital

Ausstoß von 1.000.000 hl überschritten, und die Brauerei verfügte über eine absolut topaktuelle technische Ausstattung. Schultheiss zählte zu den 300 größten Firmen Deutschlands, hatte an die 2.000 Beschäftigte, vier Brauereien, vier Mälzereien, 43 Bierlager und 19 eigene Ausschanklokale. Auch der Fuhrpark war beachtlich: 537 Pferde, 533 Wagen, 65 Transportwaggons für die Eisenbahn. Die Aktionäre freuten sich über 14% Dividende!

Beide Weltkriege brachten erhebliche Umsatz- und Absatzmarkteinbußen, der Zweite Weltkrieg zusätzlich noch den Verlust der Braustätten, teils wegen der Bombenschäden, teils wegen der Lage in der sowjetischen Besatzungszone. Trotzdem konnte die Brauerei erfolgreich in West-Berlin neu beginnen und erreichte 1989 wieder mehr als eine Million hl Ausstoß. Zwischenzeitlich war 1972 durch den Zusammenschluss mit der Dortmunder Union-Brauerei die spätere Brau und Brunnen AG entstanden, lange Zeit der größte deutsche Getränkekonzern. Nach der Wende kaufte Schultheiss einige alte Braustätten zurück und erwarb zusätzliche Brauereien in der ehemaligen DDR, vor allem wegen deren Markenrechte. In den späteren 1990er Jahren stand dann eher das Thema Konsolidierung an, die Zahl der Mitarbeiter wurde deutlich reduziert, viele

of 1.5 million marks. In 1904, the brewery had one of the most state-of-the-art systems available, and it reached production levels of over 1,000,000 hl. Schultheiss was one of the 300 largest companies in Germany, employed 2,000 people, had four breweries, four malthouses, 43 beer cellars, and 19 tied pubs serving its beer. Even their fleet was impressive, boasting 537 horses, 533 wagons, and 65 transport carts for train transport. Everyone was happy, especially the shareholders, who were raking in dividends of over 14%!

The world wars were a harder time for the Schultheiss brewery, and caused them drastic revenue and market losses. In the Second World War, they lost infrastructure as well, partially due to bombing, but also due to parts of their brewery that were located in what by now had become the Soviet Occupation Zone of Berlin. Nevertheless, the brewery was able to rebuild in West Berlin. In 1972, Schultheiss merged with the Dortmunder Union-Brauerei to create the Brau und Brunnen AG, which was the largest German, beverage holding company for many, many years. By 1989, the company had once again hit the million-hl-mark in terms of production. After the Berlin Wall fell, Schultheiss began buying up some remaining old breweries and several former GDR (East German) brands, as well. In the late 1990s, however, the favored topic at the Schultheiss brewery had unfortunately became consolidation. Employees were let go, many of their breweries were soon closed, and

Schultheiss
BERLINER
Pilsner
Schultheiss

Braustätten geschlossen und die Zentrale von Kreuzberg nach Weißensee an ihren heutigen Standort verlagert. 2004 kaufte der Oetker-Konzern die Anteile der Brau und Brunnen AG auf und gliederte Schultheiss in die Radeberger Gruppe ein.

BERLINER KINDL

Die Berliner Kindl Brauerei erblickte am 1. Februar 1872 als „Vereins-Brauerei Berliner Gastwirthe zu Berlin Aktiengesellschaft" das Licht der Welt. Als Zweck steht im Geschäftsvertrag, „die den Herren Joseph Link, Philipp Jaeger und Konsorten gehörigen, in Böhmisch-Rixdorf gelegenen Grundstücke zu erwerben, auf diesen Grundstücken eine Bairisch-Bier-Brauerei zu erbauen und solche mit den damit verbundenen Nebengeschäften zu betreiben." Dank des hohen Grundkapitals von einer Million Talern konnte innerhalb eines Jahres eine komplette moderne Großbrauerei errichtet werden, die am 1. März 1873 ihren Betrieb aufnahm und am 19. Juli 1873 mit dem Beginn des Ausschanks stolz ihre Eröffnung feiern konnte. Die ersten Schwierigkeiten der überhastet gestarteten Produktion konnten durch die Währungsumstellung aufgefangen werden. Ein Taler war nominell drei Mark wert, das Aktienkapital wurde trotzdem nur auf eine Million Mark umgestellt und

the headquarters was moved from Kreuzberg to Weißensee where it remains to this day. In 2004, the Oetker holding company bought all remaining shares of the brewery from the Brau und Brunnen AG, thus channeling the Schultheiss brewery into the Radeberger Group, where it belongs today.

BERLINER KINDL

The Berliner Kindl Brauerei was founded on 1 February 1872 as the "Vereins-Brauerei Berliner Gastwirthe zu Berlin Aktiengesellschaft." In the business contract itself, it states, "Sirs Joseph Link, Philipp Jaeger, and the associated consortium shall purchase the estate in Böhmisch-Rixdorf and shall build on said estate a Bavarian Beer Brewery, running all associated operations as well." Thanks to the million Taler (a former currency used in Germany) they managed to raise for the capital investment, they were able to build the entire brewery in just under a year. On 1 March 1873 the brewery went into production, with the first beers reaching pub taps on 19 July 1873. In May 1891, the brewery had its first big disaster, catching fire and the entire brewing system was destroyed. Thankfully, though, the initial problems were greatly mitigated by the new currency conversion, as one Taler would now be worth three Marks. The brewery converted one million Marks to stock capital and had two million Marks for debt repayment. Though the fire at the

mit den verbleibenden zwei Millionen Mark zur Schuldentilgung eingesetzt. Im Mai 1891 schließlich wütete ein Großfeuer in der Brauerei, nach dem die Anlagen komplett neu wieder aufgebaut werden mussten. Dabei konnten die Besitzer auf die neuesten Technologien umrüsten, und starteten mit dem seit 1890 gebrauten Bier Pilsner Art nochmal richtig durch. Von 1894 bis 1897 konnten sie den Absatz um 70% steigern.

Mit dem Ankauf der Potsdamer Brauerei Adelung & Hoffmann kam zu dem bereits in ganz Berlin bekannten „Berliner Kindl" eine zweite Sorte mit hohem Bekanntheitsgrad in das Unternehmen, das „Potsdamer Stangenbier". Um 1900 erreichte die Brauerei über 200.000 hl Ausstoß, erweiterte ihre Produktionsanlagen und konzentrierte sich ab 1909 auf die Sorte Berliner Kindl mit 13% Stammwürze, die ein Jahr später auch zur Namensgeberin für das Gesamtunternehmen werden sollte. Kurz vor dem Ersten Weltkrieg war der Ausstoß auf 300.000 hl gewachsen. Nach dem Krieg begann nochmals eine Kindl-Blütezeit, viele andere Brauereien wurden übernommen, 1930 baute Kindl sein neues Sudhaus, das damals als „schönstes Sudhaus Europas" galt, vor dem Zweiten Weltkrieg war der Ausstoß bei mehr als einer Million hl angekommen. Im

brewery may have seemed to be a pretty huge crisis at the time, the owners still had enough funds available to rebuild the brewery using the newest and best equipment. Once the repair work was finished, they set to brewing up their new creation called"Beer- Pilsner Style", and with it came their first big success. From 1894 to 1897, sales at the Berliner Kindl brewery increased by a whopping 70%.

The Berliner Kindl brand was quickly becoming a household name, and with the purchase of the Potsdamer Brauerei Adelung & Hoffmann, the Vereins-Brauerei was able to bring a second well-known beer brand into the group: the "Potsdamer Stangenbier." At the turn of the century, the brewery had reached production levels of 200,000 hl, and it was time to expand. When they did in 1909, they decided to focus on their Berliner Kindl style, a beer with 13% original gravity. One year later, they changed the name of the entire holding company to the much shorter name of their popular brand, Berliner Kindl. Just before WWI, their production increased to 300,000 hl, and the period between the wars also proved to be extremely fruitful. Various other breweries were eventually taken over, and in 1930, Berliner Kindl built what was then billed as "The Most Beautiful Brewhouse in Europe." Just before WWII, production hit the incredible level of one million hl. When the war hit,

Zweiten Weltkrieg zerstörten Bomben das als „Nationalsozialistischer Musterbetrieb“ ausgezeichnete Unternehmen schwer, trotzdem konnte noch im Juli 1944 die Produktion wieder aufgenommen werden.

Nach Kriegsende und dem Verlust von großen Teilen der Brauanlagen, die als Reparationsleistung nach Moskau abtransportiert wurden, konnte mithilfe der Berliner Bürgerbräu ab 1947 wieder Bier fließen. In den 1950er Jahren kaufte der Oetker-Konzern die Aktienmehrheit, 1972 war die magische Million hl wieder erreicht und 1988 übernahm die Frankfurter Binding-Gruppe die Mehrheitsbeteiligung an der Brauerei. 2002 wurde diese in Radeberger Gruppe umbenannt und ist die größte Brauereigruppe in Deutschland. Unter dem alten, unter Denkmalschutz stehenden Brauhaus in Neukölln steht mittlerweile der Sudkessel der Rollbergbrauerei.

BERLINER PILSNER BRAUEREI

Der Sitz der ehemaligen Berliner Pilsner Brauerei ist der heutige Standort von Schultheiss in Weißensee. Die Gründung datiert in das Jahr 1902, als die Herren Gabriel & Richter eine Hausbrauerei mit Gartenlokal gründeten, die aber schon 1920 zur Kindl Brauerei kam. Aus den Jahren 1937/8 ist ein Ausstoß von 850.000 hl überliefert, die Brauerei hatte also fast

however, it hit the Berliner Kindl brewery hard, quite literally. The Allies bombed the facility, calling it a "model Nazi business," but their recovery was quick. By July 1944, they were back in production.

When the war ended, the brewery lost almost everything. All of the equipment throughout the entire brewery complex was shipped off to Moscow as a form of war reparations, but with the help of the Berliner Bürgerbräu, by 1947, they were brewing beer once again. In the 1950s the Oetker holding company bought up the majority of the brewery's shares, and by 1972, the brewery had reached the magical million hl mark once again. In 1988, the brewery changed hands yet again, this time going to the Frankfurter Binding-Gruppe, which was renamed the Radeberger Gruppe in 2002, and is currently the largest brewing conglomerate in Germany. The old Berliner Kindl brew house in Neukölln is still around, and is now a protected landmark. If you go to check it out, however, you will no longer see the Berliner Kindl's name decorating the door. Instead, you may run into an employee or two from the Rollbergbrauerei, which now has use of the facilities.

BERLINER PILSNER BRAUEREI

The former site of the Berliner Pilsner Brauerei in Weissensee is now where the Schultheiss brewery calls home. Founded

die Größe ihrer Mutter erreicht. Nach dem Krieg enteignete die russische Besatzungsmacht den Kindl-Teilbetrieb und errichtete wieder ein eigenständiges Unternehmen, das spezielle Biere für die Alliierten brauen musste, unter anderem ein leichtes Bier für die Russen und ein Porter für die Engländer und Amerikaner. 1963 erreichte das Berliner Pilsener als erstes Ost-Berliner Bier Exportqualität, 1975 erhielt das Bier die Goldmedaille auf der Leipziger Messe und konnte als erstes DDR-Bier auch in den Westen exportiert werden, unter dem neuen Label „VEB Getränke Kombinat Berlin".

in 1902, the brewery had already been sold off to the Kindl Brauerei by 1920. Between 1937-1938, production reached volumes of 850,000 hl, almost matching the output of its parent company. After the war, the Russians expropriated this segment of the Kindl brewery and used it to brew beers to match the tastes of the various Allied troops: a light beer for the Russians and a porter for the Americans and English. In 1963, the Berliner Pilsner became the first beer in East Berlin to reach export quality levels. After winning a Gold Medal in Leipzig in 1975, it became the first East German beer expor-

Nach der Wende kam die Brauerei über die Brau und Brunnen AG wieder zurück zu Kindl, setzt heute eher auf das Szene-Publikum und ist heute Sitz der Schultheiss-Zentrale.

WEITERE BRAUEREIEN

Zur traditionsreichen Berliner Brauerei-Geschichte gehören noch viele Namen, deren ursprüngliche Braustätten allerdings mittlerweile entweder geschlossen oder von der Berliner-Kindl-Schultheiss-Brauerei übernommen worden sind:

BERLINER BÜRGERBRÄU

Auf dem Gelände in der Nähe des Müggelsees wurde vermutlich schon im 18. Jahrhundert gebraut, die erste moderne Brauerei entstand 1869. Kurz vor dem Ersten Weltkrieg betrug der Ausstoß der mittlerweile genossenschaftlich organisierten Brauerei immerhin über 140.000 hl, 1935 erfolgte die Umwandlung in eine Aktiengesellschaft mit dem Namen Berliner Bürgerbräu AG. Zu DDR-Zeiten ging das Unternehmen im Berliner Getränkekombinat auf und 1992 von der bayerischen Hofmark-Brauerei aus Cham gekauft. Nach zwischenzeitlich sehr erfolgreichen Zeiten waren es schließlich die immer höher gewordenen Fixkosten, die 2010 zum

ted to the West, flying under the name "VEB Getränke Kombinat Berlin" (Beverage Combine Berlin). After the fall of the Berlin Wall, Berliner Pilsner landed back in the hands of the Kindl Brauerei and is now marketed toward the local alternative scenes.

MORE BREWERYS

Berlin's long-standing brewing history has seen many names come and go. Some of these simply went out of business, while others were taken over by the Berliner-Kindl-Schultheiss-Brauerei:

BERLINER BÜRGERBRÄU

On a property located near the Müggelsee, evidence of brewing was traced back all the way to the 18th century. It wasn't until 1869, however, when the first modern edition of a brewery came into being on that property. Shortly before WWI, the brewery, which by now had developed into a cooperative, was producing upwards of 140,000 hl of beer each year. In 1935, the brewing cooperative became a public limited company under the name of Berliner Bürgerbräu AG. After WWII had ended, the company was absorbed by the East Berlin Combine for Drinks until in 1992; it was sold to the Bavarian Hofmark brewery. After what had been actually pretty successful years together with Hofmark, in the end it was the high fixed costs that finally got them so in 2010; they were sold by Hofmark to the

BERLINER
PILSNER

Verkauf an die Radeberger Gruppe führten. Heute ist das direkt an der Spree gelegene Brauereigebäude leider dem Verfall preisgegeben, die Brauereigaststätte, das Restaurant Weiße Villa und ein Biergarten werden allerdings noch betrieben.

BÄRENQUELL

1888 beschloss der erfolgreiche Kohlenhändler Max Meinert, auf das ertragreichere Braugeschäft umzusatteln und gründete die „Borussia-Brauerei Nieder-Schöneweide". Nach einer weiteren Besitzerfamilie kaufte die Schultheiss-Brauerei das Unternehmen im September 1898. Nach dem Zweiten Weltkrieg belebten die Planwirtschaftler der DDR das Unternehmen als „VEB Schultheiss-Brauerei" wieder. Entweder 1949 oder 1959 erfolgte die Umbenennung in „VEB Brauerei Bärenquell". Hier gibt es unterschiedliche Angaben. Die Wende brachte auch hier die Privatisierung und schließlich den Verkauf an die Frankfurter Henninger-Bräu AG. Nachdem ein Bauantrag der Henninger 1993 aus Denkmalschutzgründen abgelehnt worden war, entschied man sich zur Schließung der Braustätte zum 1. April 1994. Das Bier wurde erst weiter in Kassel produziert, später die Namensrechte an die Oettinger Brauerei verkauft, die in Pritzwalk bis 2008 weiter Bärenquell-Bier herstellen ließ.

Radeberger Gruppe. Sadly, the brewery's former building, located directly on the Spree river in Berlin, has now fallen into deep decline. The restaurant of the brewery, another restaurant called 'Weiße Villa' and then the beergarden are all that now remain of the Berliner Bürgerbräu.

BÄRENQUELL

In 1888, the successful businessman Max Meinert decided to ditch his business of trading in coal and instead he branched out into a much higher-yielding industry, that of brewing beer. He named his new brewing company "Borussia-Brauerei Nieder- Schöneweide". After then being acquired by a new set of owners, the brewery changed hands once again in 1898, when the Schultheiss-Brauerei decided to acquire it as well. After WWII, the East German authorities brought the brewery back to life under the new name of "VEB Schultheiss-Brauerei". From here on out, however, the facts start to get fuzzy so we only know that it was in either 1949 or 1959 that the brewery changed its name once again to "VEB Brauerei Bärenquell". After the fall of the Berlin Wall, the brewery returned back into the hands of a private owner who then sold it to the Henniger- Bräu AG in Frankfurt. Once a new construction proposal for the brewery there was denied by the authorities, they were forced to close their doors on 01 April 1994. The beer, however, was able to continue on and was simply produced in the nearby

ENGELHARDT

Der Ursprung dieser Traditionsbrauerei liegt in der Berliner Chausseestraße, wo in den 1860er Jahren eine obergärige Brauerei entstand. 1885 erwarben der Kaufmann Ernst Engelhardt und der Braumeister Rudolph Frömchen das Unternehmen. 1995 verkaufte Engelhardt die Brauerei wieder, sein Name aber blieb. Es folgten zahlreiche Zukäufe und Standorterweiterungen, 1905 übernahm die Firma als erste deutsche Brauerei das Pasteurisationsverfahren (für ihr Malzbier). Engelhardt wuchs auch vor, während und zwischen den Kriegen weiter und umfasste 1945 neben einem Dutzend Brauereibeteili-

city of Kassel instead. A bit later, the naming rights of the brewery got sold to the largest brewing company in Germany, the Oettinger Brauerei, who then continued to produce the beer under the name of Bärenquell until 2008.

ENGELHARDT

Engelhardt's story goes back to the 1860s, to an old traditional brewery on Berlin's Chausseestrasse that produced top-fermenting ales. In 1885, businessman Ernst Engelhardt and brewmaster Rudolph Frömchen took over the brewery, lending it Engelhardt's name. Ten years later, Engelhardt sold the brewery, but the name remained. The period that followed was marked by rapid expansion, innovation,

gungen 16 eigenen Betriebsstätten im gesamten östlichen Reichsgebiet. Übrig blieb dann im Westen lediglich die zerbombte Produktionsstätte in der Charlottenburger Danckelmannstraße. 1982 übernahm das wiedererstarkte Unternehmen die Hochschul-Brauerei im Wedding, kam allerdings dann zur Brau und Brunnen AG und damit zur Schulheiss-Brauerei. Der östliche Teil der Engelhardt-Brauerei hieß „VEB Engelhardt“ und war die produktionsstärkste Brauerei und zweitgrößter Arbeitgeber Ost-Berlins. Der Betrieb entwickelte das erste alkoholfreie Bier, das von Braumeister Ulrich Wappler entwickelt und 1972 auf der Leipziger Messe vorgestellt wurde. Die Produktion endete 1990, zwei Jahre später ging das Unternehmen in der Brau und Brunnen AG auf.

and growth, with Engelhardt being the very first German brewery to pasteurize its beer in 1905. Next came the war era (WWI and WWII), yet Engelhardt still managed to thrive. By 1945, it had expanded to a dozen holdings and16 different brewing plants in the eastern parts of what was now Hitler's very defunct Reich. In the West the only thing that remained was a bombed-out brewery production facility located in district of Charlottenburg. By 1982, the western part of the brewery had managed to regain its former glory, taking over the Hochschul-Brauerei in Wedding, and then quickly being swallowed up by the Brau and Brunnen AG, which belonged to the Schulheiss-Brauerei. The eastern holdings of the Engelhardt brewery, then known as "VEB Engelhardt," were not only the most successful brewery group in East Berlin in terms of production, they was also the 2nd largest employer in all of East Berlin. A further success to be attributed to this part of the brewery was the creation of the very first alcohol-free beer in 1972. However, by 1990 all production had been stopped and the brewery ceased to exist under this name.

MEHR: WWW.BERLINER-KINDL.DE

BIERFABRIK

Beilsteiner Straße 51, 12681 Berlin

0151 23032491

www.bierfabrik.de

auf Anfrage

Friedrichsfelde Ost

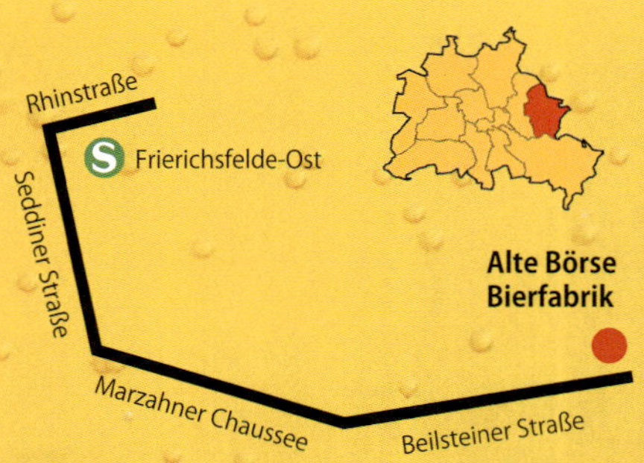

VOM BALKON STEIL BERGAUF

Es waren einmal drei Freunde, die hatten sich beim Studium an der TU/VLB Berlin kennen gelernt. In ihrer Freizeit trafen sie sich auf dem Balkon eines der drei und brauten in einem 50 Liter Glühweintopf ihr Bier. Eines Tages beschlossen sie, bei einem Bier-Wettbewerb der TH Hamburg-Harburg teilzunehmen. Sie schafften es auf den zweiten Platz. Sogleich fanden sich Abnehmer für den feinen Gerstensaft und fragten nach der Braustätte...

„Unsere Brauerei ist mein Balkon", antwortete Sebastian Mergel, der nach seiner Winzer-Ausbildung beschloss, auf die bierige Seite der edlen Getränke zu wechseln. So wurden er und seine beiden Freunde, Julian Schmidt und André Schleypen, zu klassischen Gypsi-Brauern, sie nutzten also freie Kapazitäten in anderen Brauereien, um dort ihre Biere herzustellen. Dafür hatten sie am 11. November 2011 ihre eigene Firma namens „beer4wedding" gegründet. Die nächsten zwei Jahre ging es steil bergauf, und so fassten die drei Freunde den Entschluss, nun doch eine eigene Braustätte zu gründen. Schnell

STOLEN HEARTS

Once upon a time there were three friends. All students at the Technical University in Berlin, they spent their Saturdays brewing beer in an old pot on their balcony. One day they heard about a beer competition and decided to enter, taking second place. When asked where their brewery was located, Sebastian Mergel (one of the three) answered, much to the consumer's surprise, "Our brewery is my balcony!"

Although Sebastian had just finished his winemaker training, the burgeoning craft beer movement had stolen his heart. Thus he and his two friends, Julian Schmidt and Andre Schleypen, suddenly found themselves working as "gypsy brewers." They took their brewing skills to the streets of Berlin and used whatever free capacity other smaller breweries might have.

Own brewery needed

In 2011, they named their gypsy brewing company "beer4wedding" and were so successful that two years later they needed a brewery of their own. In January 2014, the

BIER
FABRIK
BERLIN

waren eine passende Immobilie, eine alte Backfabrik, gefunden, und eine Brauanlage bestellt. Aus der Backfabrik sollte die „Bierfabrik" werden. „Eigentlich das genaue Gegenteil einer Fabrik, aber wir wollten etwas mit dem Craft-Brewer-Image kokettieren", schmunzelt Sebastian, „im Januar 2014 gründeten wir schließlich die Berliner Bierfabrik GmbH."

Unterschlupf in der Alten Börse

Als es zur finalen Übergabe kam, machte jedoch auf einmal die Elektrik einen Strich durch die Rechnung: Brauen funktioniert ohne verfügbaren Starkstrom nun mal nicht. Nun hatten sie eine Brauanlage ohne Immobilie und machten sich umgehend auf die Suche nach einem Ersatz. Drei Wochen später wurden sie fündig. Sie erhielten in der Alten Börse von Peter Kenzelmann Unterschlupf und lösten gleichzeitig sein Problem. Er war nämlich auf der Suche nach einem Brauer für die kleine Brauerei in seinem Lokal. Durch den neuen Deal waren nun alle glücklich: Die Bierfabrik hatte eine Heimat und übernahm zusätzlich das Brauen in der Gasthausbrauerei – die Bierfabrik in Marzahn war geboren.

Die ständige Bierpalette der drei Freunde umfasst momentan vier Biere, soll jedoch auf acht Biere erweitert werden,

Berliner Bierfabrik GmbH was founded and a few weeks later the perfect location was found: a brewpub in Marzahn looking to switch owners. And so, the Bierfabrik in Marzahn was born.

Double offerings

But enough with the history! Let's talk about THE BEER! The Bierfabrik currently brews four beers, but they're looking to double their offerings, allowing space for seasonal specialties and collaboration brews with breweries from around the world. They're already in talks with craft beer brewers from Israel, Poland, Russia and Brazil. "For us it would be like one big jam session between different jazz musicians, only instead of playing guitar and drums, we're playing with

> **FOR US IT WOULD BE LIKE ONE BIG JAM SESSION BETWEEN DIFFERENT JAZZ MUSICIANS, ONLY INSTEAD OF PLAYING GUITAR AND DRUMS, WE'RE PLAYING WITH BREW KETTLES AND INGREDIENTS!**

ergänzt um einige saisonale Spezialbiere und Collaboration Brews mit anderen Brauereien aus aller Welt. Hierfür haben sie schon Kontakte nach Israel, Polen, Russland und Brasilien geknüpft: „Für uns ist das wie eine Jam-Session bei Jazz-Musikern. Nur, dass wir halt nicht mit Gitarre und Schlagzeug spielen, sondern mit unseren Braukesseln und den Rohstoffen." Die vier aktuellen Biersorten sind das Wedding Pale Ale, eine freie IPA-Interpretation, die auf die ursprüngliche Herkunft aus dem Wedding verweist. Das zweite ist das Red Lager, ein malziges Rotbier. Dazu kommen noch das Schabrackentabier, ein Pale Ale, und ein individuelles Weißbier mit dem Namen „Heimat". Letzteres besticht durch einen Anteil Rauchmalz und die Kalthopfung mit Hallertauer Blanc.

Neuer Ruhm für alte Bierstile

Zum Brauen sind die drei dafür eigens von Sebastians aktueller in seine frühere Heimat nach Murnau gereist, und hatten neben der Arbeit an den Sudkesseln in der Brauerei Karg auch einen gemeinsamen Betriebsausflug an den Rand der Alpen. Mit ihren Bieren wollen die Macher der Bierfabrik zeigen, dass man auch die ganz normalen Deutschen Bierstile weiterentwickeln und zu neuem Ruhm führen kann: „Wir haben in Deutschland ganz viele tolle Bierstile, die uns genauso wichtig sind wie ein IPA oder ein Pale Ale.

brew kettles and ingredients!" Sebastian explains excitedly.

The four beers currently on offer at the Bierfabrik are the Wedding Pale Ale which is more like an IPA, the malt toned Red Lager, a delicious pale ale with the impossible name, Schabrackentabier, and a superbly unique Weissbier called Heimat, which is made using smoked malt and dry-hopped with the Hallertauer Blanc.

" WE HAVE SO MANY AMAZINGLY UNIQUE BEER STYLES HERE IN GERMANY THAT ARE JUST AS IMPORTANT TO BEER DRINKERS AS AN IPA OR A PALE ALE. THE PROBLEM IS THAT NO ONE HAS DONE ANYTHING TO FURTHER DEVELOP THINGS OVER HERE IN TERMS OF BREWING, OR AT LEAST BREWING CREATIVELY, IN YEARS ...

Aber es herrscht seit Jahrzehnten biertechnisch ein regelrechter Stillstand in Deutschland", so der gebürtige Münchner Sebastian Mergel, der sich hauptsächlich um die Öffentlichkeitsarbeit und den Vertrieb der neuen Firma kümmert.

> **"... SEIT JAHRZEHNTEN BIERTECHNISCH REGELRECHTER STILLSTAND IN DEUTSCHLAND**

Mit im Bunde ist mit Julian Schmidt ein weiterer Bayer. Der Erlanger sammelte viel Praxis-Erfahrung in verschiedenen Brauereien, unter anderem bei Thorsten Schoppe, und ist nun hauptverantwortlich für die 10 hl Brauanlage der Bierfabrik. Mit André Schleypen haben sie auch einen echten Rheinländer im Team. Der gelernte Chemikant widmet sich vor allem der Büroarbeit. Und die wird aktuell erfreulicherweise täglich mehr...

The mission

The mission of our three young heroes is to show the world that the traditional German beer styles can actually be anything but that if using the right ingredients and applying modern techniques. Sebastian explains, "We have so many amazingly unique beer styles here in Germany that are just as important to beer drinkers as an IPA or a pale ale. The problem is that no one has done anything to further develop things over here in terms of brewing, or at least brewing creatively, in years…that's exactly what we have set out now to change, and you can already taste the results!"

MEHR: WWW.BIERFABRIK.DE

BRAUEREI HELDENBLUT

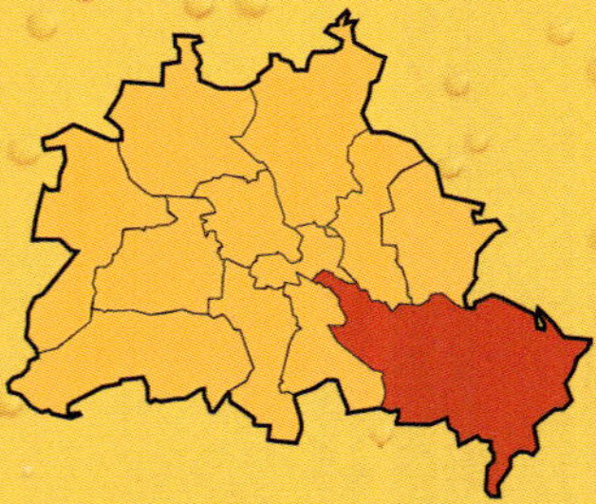

- 12527 Berlin
- -
- www.brauerei-heldenblut.de
- auf Anfrage
- S -

GUT VERSTECKTE BIERHELDEN

PART-TIME HEROES

Ich habe bis zum Ende meiner Buchrecherche warten müssen, um endlich auch eine „Garagenbrauerei" zu finden. Und es hat sich gelohnt. Obwohl der Weg dorthin sicherlich einer der weitesten in Berlin ist. Denn die Brauerei Heldenblut steht im Berliner Ortsteil Schmöckwitz, dem südlichsten Punkt der Hauptstadt, und selbst von dort muss der durstige Besucher noch ein kleines Wäldchen durchqueren, um zu der kleinen 250 l Anlage der Brauhelden zu kommen.

Am Sudkessel stehen zwei tapfere Recken, die quasi im Nebenberuf Brauer und Helden gleichermaßen sind. Denn Vincent Wollenschläger und Pete Witkowski teilen schon seit ihrer Jugend ein gemeinsames Hobby, Liverollenspiel, im Fachjargon auch LARP genannt. Dort treffen sich ganz normale Menschen, um für eine definierte Zeit in ein selbstgewähltes Alter Ego zu schlüpfen. Als Krieger, Magier, Barde, Bader oder ähnliches verfolgen die Teams das jeweils vorgegebene Spielziel und bringen dazu die entsprechende Ausrüstung mit. Bei Pete und

It wasn't until my final days of researching this book in Berlin, that I found a true garage brewery. Though it may be a bit out of the way, it was certainly worth the trip there. Brauerei Heldenblut is located in the Berlin neighborhood of Schmöckwitz, which is in the southernmost point of the city. Even from there, the thirsty traveler has to work for his/her beer, as there is still a small forest that you'll have to make your way through before you can finally reach the Heldenblut brewers and their 250 l brewery.

The two gentlemen responsible for the manning of the brewing kettles are both part-time brewers in addition to being part-time heroes. Vincent Wollenschläger and Pete Witkowski not only share brewing as a hobby; they have also both been passionate fans of live action role playing, also known as LARP, since their childhood. For those who don't know LARP, it's a game where average-Joes get together for a set period of time and interact as their own chosen avatars. Costumed as warriors, sorcerers, bards, and much more, the teams work towards a

Vincent sind das in der Regel Lederharnisch und Armbrüste – und neuerdings auch der Braukessel.

Vom Spiel zum Bier

Denn als die beiden sich 2004 beim Spielen kennen lernten, kamen sie schnell auf das Thema Bier und tauschten ihre Erfahrungen aus. „Das Bier wurde einfach immer ähnlicher, die Vielfalt kleiner", erinnert sich Pete, „da haben wir uns ausgemalt, wie es wäre, wenn wir einfach selbst ein Bier machen könnten, das uns schmeckt, von dem wir unseren Freunden beim LARP auch einfach ein Fass mitbringen könn-

predefined goal. Pete and Vincent generally bring leather armor and crossbows, though their newest weapon is actually their brewing tank!

Trained brewer

The two first met back in 2004, at a LARP game, and the topic of beer quickly came up. "We both thought that the beer available was so boring, and that it was only going to get worse," Pete says. "We started talking about making our own beer and finally having something on hand that we both would like to drink. We figured we could bring it to our LARP friends, for them to

ten.“ Die wichtigste Voraussetzung brachte der heute 30jährige Vincent mit in die neue Partnerschaft. Er hatte bei der Berliner Schultheiss eine Brauerlehre absolviert, noch dazu bei Brauerlegende Ulrich Wappler, dem Erfinder des alkoholfreien Bieres. Zwar hatte es ihn nach der Lehre erstmal wieder in das väterliche Unternehmen verschlagen, doch der Traum von der eigenen Brauerei war immer präsent geblieben.

Pete hingegen hatte Biotechnologie studiert, im selben Gebäude wie die Brauer, zu deren legendären Partys er auch immer gern gegangen war: „Da ist das Bier nie ausgegangen, und es gab ganz viele verschiedene Sorten.“ Mittlerweile ist der 36jährige als Virologe selbst Dozent, aber auch ihn hatte der Traum vom eigenen Bier schon immer gepackt. Also beschlossen die beiden, ihre eigene Brauerei zu gründen. Der Name war schnell gefunden, genauso wie das Logo der Mittelalter-Szene entlehnt.

Richtig gutes Bier

Anfang 2013 konnten sie den ersten Sud verkosten, ein naturtrübes, gut gehopftes Helles, das ihnen auch gleich selbst gut schmeckte. „Uns sind natürlich die ganzen Dinge eingefallen, die wir beim nächsten Mal noch verbessern konnten, aber es war schon ein richtig gutes Bier“, erzählt Pete, „es war auch

enjoy, too." Of the two, Vincent was the trained brewer. He had done an apprenticeship at the Berliner Schultheiss brewery where he had trained under brewing legend Ulrich Wappler, who is known as having been the first to invent alcohol-free beer. Though he had left the world of beer in order to take up the family business, he had never forgotten his dream of one day having his own brewery.

So much variety

Pete, on the other hand, had studied biotechnology, but he too was familiar with the ways of brewing students, as his cohort had shared a building with them during the time of his studies. One thing he said that he never would forget was their legendary parties. "We never ran out of beer, and there was so much variety!" The 36-year-old now works as a lecturer in virology, but he had also always been taken by the idea of making his own beer. It seemed to be a match made in heaven- they both shared the interest and had enough of the necessary background needed to do it. Thus, Heldenblut came into being. Of course, when reflecting on the other main interest they share, the name of the brewery, and also its logo, were probably the easiest of things to agree on.

At the beginning of 2013, their first batch was finished: an unfiltered, hoppy Hell that

ganz schnell ausgetrunken, wir hatten unseren Freunden natürlich auch Kostproben mitgebracht." Das Bier mit dem eindeutigen Namen „Gerstensaft" gibt es seitdem im Neuköllner Irish Pub „Dunmore Cave" am Maybachufer 44, der Stammkneipe der beiden Brauhelden: „Der Wirt hat uns vorher ermuntert, unser eigenes Bier zumachen, uns versprochen, es dann auch auszuschenken, und er hat Wort gehalten." Gelegentlich fließt dort auch das zweite Bier von Heldenblut aus dem Zapfhahn, der „Rote Rabe", ein dunkles Haferbier mit einem Hauch Rauchmalz.

Die Brauerei steht, wie anfangs erwähnt, in einer umgebauten Garage neben Vincents Elternhaus. „Dort zahlen wir keine Miete, dafür ist es aber auch wirklich sehr klein", so Pete, „deswegen denken wir schon daran, uns baldmöglichst zu vergrößern. Schließlich wollen wir beide von unserer Brauerei auch leben können. Wir sind mit Leidenschaft dabei und versuchen, unseren Weg zu machen." Hilfreich ist auf dem Weg sicherlich auch die gute Zusammenarbeit mit dem Spandauer Brauhaus. Der dortige Brauer Christian Metscher drückte mit Vincent einst die Brauer-Schulbank und steht heute mit Rat und Tat zur Seite.

Der Marktwert der beiden ist mittlerweile auch auf den LARPs stark gestiegen, bringen sie doch neben Armbrust

both of them liked quite well. "Of course, there were a lot of things that we knew we could improve upon for the next time, but it was still really good," Pete says. "In fact, it was gone before we knew it, especially since all of our friends were begging us to let them try it, too." They decided to name their beer "Gerstensaft" and it is available at the Irish pub "Dunmore Cave" (Maybachufer 44) in Neukölln, which also happens to be the favorite watering hole of the two. "The owner had always encouraged us to make our own beer. He even promised us he'd serve it if we actually managed to brew it, and he was good on his word!" If you're there at the right time, you may even get to try their second beer, "Rote Rabe", which is a delicious dark, oat beer with just a touch of smoked malt rounding it out.

Garage brewers

As I mentioned to you before, in the very first lines of my text, the location of the Heldenblut brewery is in a bonafide, repurposed garage, that just so happens to be located, rather conveniently, right next to Vincent's parents' house. "It's great because we don't have to pay any rent, but it's really getting to be too small for the stuff we're planning on doing," Pete says. "We're thinking about expanding now in order to increase our brewing capacity, and so we want to be able to do this as soon as we possibly can. Eventually we'd like to live

und Harnisch auch immer mindestens ein 10 Liter Fass frisches Bier mit. „Wir beliefern immer öfter die Tavernen mit unserem Bier, da macht das Ganze dann natürlich doppelt Spaß, wenn man beim Spielen auch noch sein eigenes Bier trinken kann", schmunzelt Pete. Alle Nicht-Rollenspieler können

„... DA MACHT DAS GANZE DANN NATÜRLICH DOPPELT SPASS, WENN MAN BEIM SPIELEN AUCH NOCH SEIN EIGENES BIER TRINKEN KANN.

beispielsweise zum Weihnachtsmarkt vor der Gedächtniskirche kommen. Dort wird die dritte Sorte von Heldenblut ausgeschenkt, ein honigsüßes Weihnachtsbier, die perfekte Einstimmung auf das Fest der Liebe und Besinnlichkeit.

from our brewery. We're working hard at it and we truly love the creations we brew, so we just have to find the right way for us to do it." It certainly doesn't hurt to have a partner in the Spandauer Brauhaus, whose brewer, Christian Metscher, went to brewing school with Vincent, and who is always happy to provide them with any valuable advice and/or insights, should the two of them ever get stuck.

Within their LARP group the market value of the two has also risen quite dramatically since they started brewing. Along with their crossbows and armor, the two also always bring at least one 10-liter keg of fresh beer. "We delivering to more and more taverns, and it's twice as fun to play when you can drink your own beer at the same time," Pete laughs. For the non-LARPers out there looking to try Heldenblut's third style, you need only find your way to the Christmas market in front of the Memorial Church near Kudamm. It is a honey Christmas beer, and it is the perfect way to celebrate the season.

MEHR: WWW.BRAUEREI-HELDENBLUT.DE

BRAUHAUS BOHNSDORF

Buntzelstraße 89, 12526 Berlin
030 6767913
www.brauhaus-bohnsdorf.com
tägl. 11.30-22

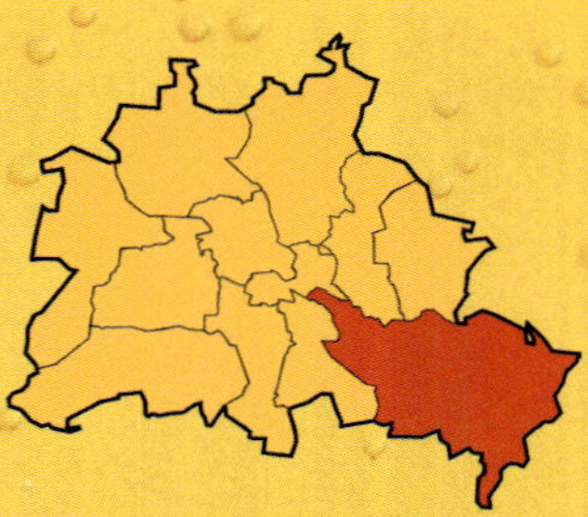

S -

EXTREM HARTNÄCKIG

Das Brauhaus Bohnsdorf ist ein weiteres Lehrstück, wie man eine Brauerei unter extrem beengten Verhältnissen errichten kann. Verantwortlich zeichnet der 60jährige Mathias Respondek. Der gebürtige Lichtenrader hatte viele Jahre eine Baufirma, mit der er vor 15 Jahren das Haus der heutigen Bohnsdorfer Brauerei baute.

Ursprünglich war neben seinen Wohnräumen im unteren Teil eine Gaststätte geplant, die er dann auch die ersten sieben Jahre verpachtete. Dann kam ihm die Idee mit der Brauerei. Dadurch wollte er nicht nur sein eigenes, gutes Bier machen, sondern auch die Attraktivität der gerade umgebauten Gaststätte steigern. Die Ämter drohten anfangs, ihm einen Strich durch die Rechnung zu machen. Denn niemand glaubte, dass in den beengten Räumlichkeiten eine Brauanlage eingerichtet werden könnte. Doch seine Baupläne und seine Hartnäckigkeit bewiesen schließlich das Gegenteil, und nach zwei Jahren stand die Brauerei. 2008 entstanden die ersten Biere, ein Helles und ein Dunkles.

BREWER'S RESIDENCE

Brauhaus Bohnsdorf is another excellent example of how to set up a brewery in an extremely confined space, and Mathias Respondek is the man responsible for all of it! With his former construction company, he originally built this location to be his own residence, while making the lower level into a restaurant at the same time. After seven successful years, he decided it was time to start making his own beer there, too. The red tape was extensive, especially since no one on the approval commission believed he could put a brewery in such a tiny space, but he ultimately proved them all wrong! Now he has been brewing his own Hell and Dunkel there since 2008.

"80% of all small breweries have serious hygiene issues," Respondek says when discussing his brewery. "We knew that we needed to be creative, but we also knew that we wanted to build it using the most modern technology available." This was where the majority of the challenges came in, as the brewroom's multitude of nooks

Das Knowhow eigneten sich Respondek und ein Angestellter bei einem Braukurs bei Thorsten Schoppe an. „Aber wir haben von Anfang an versucht, unser eigenes Ding zu machen“, berichtet der Bauingenieur, „80% der kleinen Brauereien haben ein ernstes Hygieneproblem. Deswegen wollten wir uns möglichst wenig abschauen und alle Anlagen nach den modernsten Erkenntnissen selber bauen.“ Gesagt – getan. Zudem ließen die verwinkelten Räumlichkeiten auch gar nicht zu, eine Standard-Brauanlage einzubauen.

Getrunken - nicht geschluckt

Davon konnten sich Respondek und seine Mitarbeiter beim Besuch der Braumesse in Nürnberg überzeugen. Allerdings konnten die Spezialisten der Bamberger Mälzerei Weyermann bei der Entwicklung der Rezepturen helfen. In der 6 hl Anlage entstehen generell kräftigere Biere. Auch die normalen haben etwa 7% Alkohol. Zu besonderen Gelegenheiten entstehen Spezialsude wie beispielsweise ein Oktoberfestbier mit über 10%. Hier hat Respondek seine eigene Philosophie: „Es soll nicht geschluckt, sondern getrunken werden.“ Und das vor allem im urigen Keller des Hauses, einer Mischung aus Kneipe, Diskothek und Clubraum. Die Wände sind von unzähligen Devotionalien aus der Geschichte garniert, dazwischen steht der Zapfhahn.

and crannies made it basically impossible to install a simple, standard system. Strangely, one of the most helpful solutions to overcoming this problem came not from the technology itself, but from the recipes. Working closely with specialists from Bamberg's malt house, Weyermann, Respondek decided that all his beers should be stronger than the usual beers, as stronger beers were perfectly suited to be made using his 6 hl system. Now, his „standard beers“ start at 7% abv and can climb as high as 10% for his seasonal and specialty beers like the Oktoberfest beer he brews. "Beer should be sipped, not chugged," Respondek says, and this philosophy certainly fits the atmosphere for his rustic cellar bar.

” BEER SHOULD BE SIPPED, NOT CHUGGED ...

Eisdiele und Brennerei geplant

Am Braukessel arbeitet mittlerweile vor allem Respondeks Mitarbeiter Eberhard Buntzel. Der 61jährige wird allerdings von allen nur „Spencer“ genannt. Für die Zukunft haben die Bohnsdorfer noch einiges vor. Noch 2014 soll die Brennerei ihren Dienst aufnehmen, und im Sommer 2015 wird voraussichtlich noch eine Eisdiele für die Erfrischung der Kunden sorgen.

Destillery and ice cream shop

Though Respondek may no longer be the supervising force behind the beer production, it has not stopped him from being the driving force behind moving Bohnsdorf into the future. 2014 has seen the opening of their very own distillery, and he also has plans to open an ice cream shop in the summer of 2015, to keep those overheated customers refreshed in the sun- when not sipping beer!

GASTRONOMIE

BOHNSDORF RESTAURANT
Buntzelstraße 89
12526 Berlin
tägl. 11.30 bis 22 Uhr
030 6767913
www.brauhaus-bohnsdorf.com

GASTRONOMIE

BOHNSDORF BIERBAR
Buntzelstraße 89
12526 Berlin
Mo-Fr ab 17, Sa ab 15,
So ab 14 Uhr
030 6767913
www.brauhaus-bohnsdorf.com

MEHR: WWW.BRAUHAUS-BOHNSDORF.COM

BRAUHAUS GEORGBRÄU

Spreeufer 4, 10178 Berlin

030 2424244

www.brauhaus-georgbraeu.de

tägl. ab 12 Uhr

S/U Alexanderplatz

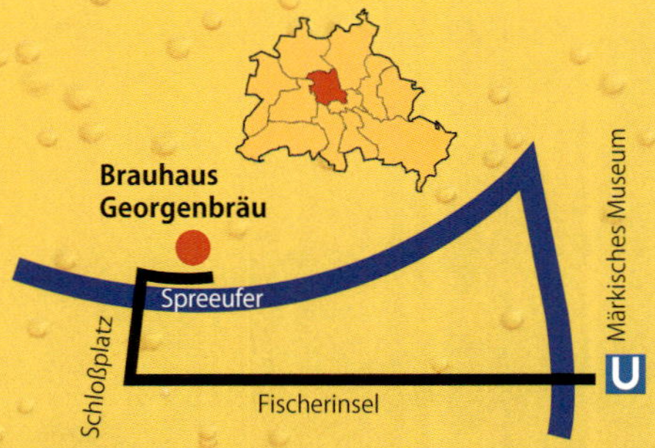

Die am 24. Oktober 1992 eröffnete Georgbräu im Nikolaiviertel befindet sich nach dem Tod von Braumeister Oliver Kaßan im Umbruch. Nähere Informationen finden Sie sicher zeitnah auf der Internetseite.

The Georgbräu brewery, which opened on 24 October 1992 in the Nikolaiviertal district of Berlin, is currently in a state of upheaval and disarray following the death of their beloved brewmaster, Oliver Kaßan. Further information as to the current status of the brewery can be found on their internet homepage.

GASTRONOMIE

BRAUHAUS GEORGBRÄU
Spreeufer 4
10178 Berlin
tägl. ab 12 Uhr
030 6767913
www.brauhaus-georgbraeu.de
S/U Alexanderplatz

MEHR: WWW.BRAUHAUS-GEORGBRAEU.DE

BRAUHAUS IN SPANDAU

Neuendorfer Straße 1, 13585 Berlin

030 3539070

www.brauhaus-spandau.de

tägl. ab 10 Uhr

U Altstadt Spandau

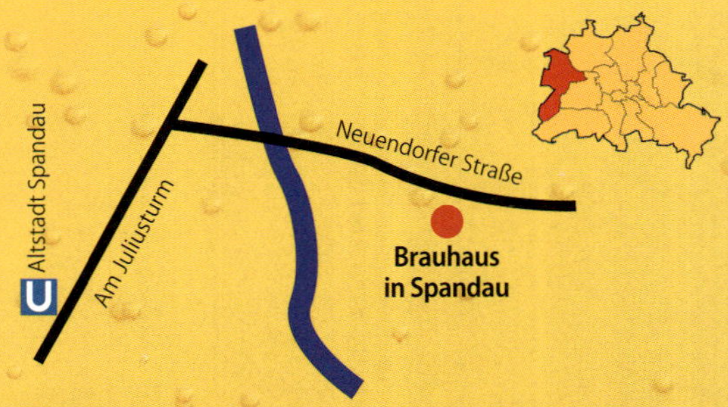

DIE GROSSE BIERFAMILIE

„Das war die schönste Entscheidung meines Lebens", strahlt der heute 28jährige Christian Metscher, der für die Biere des Brauhauses Spandau verantwortlich zeichnet. Er berichtet über die Zeit nach der Schule, als er nicht so recht wusste, was aus ihm werden sollte.

Sein Vater war damals schon Teilhaber des Brauhauses, und so lag es schließlich nahe, über eine Brauerlehre nachzudenken. „Ich habe dann einfach die Möglichkeit genutzt. Mich hat es schnell völlig fasziniert, die komplette Kontrolle von den Rohstoffen bis hin zum Glas Bier in den Händen unserer Stammgäste zu haben." Dabei war gerade das mit den Gästen zu Beginn nicht so sein Ding: „Ich habe mich anfangs vor den Gästen regelrecht versteckt, aber dann für mich entscheiden, dass ich das einfach lernen muss. Heute kenne ich fast jeden Stammgast persönlich, und es ist einfach wie mit einer ganz großen Familie."

Eine Familie waren die Brauereimitarbeiter auch schon, als der damals 16jäh-

OKTOBERFEST IN BERLIN

"It was actually the best decision of my life," Christian Metscher says of his decision to become a brewer. The now 28-year-old wasn't exactly sure what he wanted to do with his life once his schooling was over, so he looked to his father, who was a partner at Brauhaus Spandau, and asked him if he could be considered for one of their brewing apprenticeships. Although his father might have lent him a helping hand in the matter, Christian made sure to make full use of the fantastic opportunity.

"What fascinated me the most was that I get to experience the entire process of beer, from the selection of the raw materials to watching the customer enjoy it," describes Christian.

STAATL. FACHINGEN
Das Wasser. Seit 1742.

BRAUHAUS SPANDAU
Neuendorfer Straße 1
13585 Berlin

tägl. ab 10 Uhr
030 3539070
www.brauhaus-spandau.de
Altstadt Spandau

rige seine Lehre im Haus begann. Ein Drittel der Lehrzeit ging er zu anderen Brauereien und auch zur Bamberger Mälzerei Weyermann, um wirklich alle Facetten des Berufes genau kennen zu lernen. Sein alter Meister in Spandau ist heute 70 und kommt immer noch fast jede freie Minute ins Brauhaus, um zu fachsimpeln und hier und da ein Knöpfchen zu drücken. Das Hausbier

„WIR HABEN IMMER MINDESTENS ACHT VERSCHIEDENE MALZSORTEN IM LAGER, DA LASSE ICH DANN GERNE MAL DIE PHANTASIE SPIELEN.

der 1994 in den Räumen der ehemaligen Heeresdampfwäscherei von 1872 gegründeten Brauerei heißt auch heute noch „Havelbräu" und ist ein würziges bernsteinfarbenes Lagerbier. Hier hält sich Christian weitestgehend an das Originalrezept. Bei den jeweils abwechselnden Spezialbieren allerdings lebt er sein Brauerherz aus: „Wir haben immer mindestens acht verschiedene Malzsorten im Lager, da lasse ich dann gerne mal die Phantasie spielen. Die persönlichen Favoriten des Brauers sind der Mai- und der Herbstbock.

Tight-knit family

The brewery was founded in 1994 in a historic building from 1872. Watching the team's interactions with each other and their guests, it is clear that they function as a very tight-knit family. In fact, Christian is on a first-name-basis with most of the regular guests, and still greets them personally, which adds to the familiarity of the atmosphere. The brewery's signature beer is a flavorful, amber-colored lager, called Havelbräu, named after one of the two main rivers in Berlin.

Letzterer hat sogar sein eigenes Fest. Für etwa zwei Wochen verwandelt sich das Spandauer Brauhaus jeden September in eine Außenstelle des Münchner Oktoberfestes, inklusive Festzelt und zünftiger Musik. Der jeweilige Bezirksbürgermeister lässt sich den Anstich nicht nehmen, und auch die Spandauer pilgern dann regelmäßig in ihre Brauerei. Gerade diese Verbundenheit mit den Bürgern der Stadt in der Stadt macht für Christian Metscher das Salz in der Suppe aus: „Die Nähe zum Produkt und zum Endverbraucher, das ist es, was mir ganz besonders viel Spaß an der Arbeit ausmacht. Ich bin richtig stolz, dass wir das hier so gut hinbekommen." Deswegen will der zweifache Familienvater auch unbedingt im Spandauer Brauhaus bleiben und arbeitet bereits an bierigen Zukunftsplänen für das 15 hl Sudhaus: „Wir haben bisher nur untergärig gebraut. Nun möchte ich mal so einen richtig schönen Schokoladenbock machen, natürlich nach dem Reinheitsgebot, versteht sich!"

Rotating specialty beers

Although Christian's passion lies in experimenting with different recipes, the Havelbräu is one he's not planning to change. "I have enough chances to change things up if I want to with our rotating specialty beers. We always have at least eight different malt types on hand for me to play with, so there are plenty of opportunities for me and my brewing fantasies."

When asked about which are his favorite beers Metscher answers, "Those would have to be the Maibock and the Herbstbock (May- and Fall Bock)." It's easy to see why the Fall Bock makes the list! Brauhaus Spandau serves it up each year at their very own two-week long Oktoberfest celebration, oompa-pa-pa band and beer tent included! Their Oktoberfest has become such a hit that the local mayor now insists on doing the official tapping of the keg ceremony, just like the mayor of Munich does at the real Oktoberfest in Bavaria!

MEHR: WWW.BRAUHAUS-SPANDAU.DE

BRAUHAUS LEMKE

3 x in Berlin (mehr siehe Seite 74)

030 24728727

www.brauhaus-lemke.com

siehe Seite 74

U siehe Seite 74

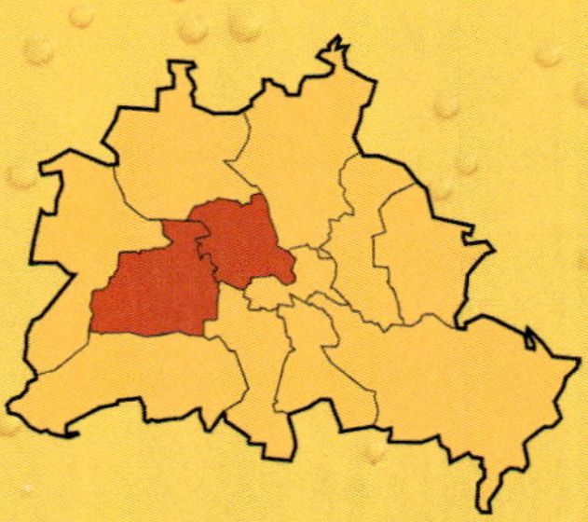

BERLINER BIER-IDENTITÄT

Heute sind zwei Namen fest mit der Berliner Bierszene verbunden: Thorsten Schoppe und Oliver Lemke. Während Thorsten sich komplett aufs Brauen konzentriert, wählte Oliver schon früh den Weg zur kompletten Gastronomie. Dabei startete er schon in die Ära der Kreativität, als sich der Rest der Hauptstadt noch kaum etwas anderes als Pils und Currywurst vorstellen konnte. Und er steht nun an der Schwelle, den Berlinern ein großes Stück ihrer Bier-Identität wiederzugeben.

Doch zurück zu den Anfängen. Gebürtig kommt Oliver Lemke aus Heidelberg. Als 15jähriger verschlug es ihn aber mit seinen Eltern 1981 in die damals noch geteilte Stadt, und er wurde nach und nach zum Berliner. Drei Jahre später bot sich die Gelegenheit zu einem einjährigen Auslandsaufenthalt in den USA. „Dort war ich auf einer Farm, das fand ich großartig", erinnert sich der heute 47jährige, „der Farmer war selbständig. Ich war von seiner Art, der Arbeit in der Landwirtschaft und dem gigantischen Maschinenpark total begeistert." Diese Begeisterung sollte sich

LOST AND FOUND

When talking about Berlin brewing today, two names will inevitably always come up: Thorsten Schoppe and Oliver Lemke. While Thorsten chose to concentrate 100% on brewing, Oliver wanted to take on all aspects of gastronomy. At a time when most Berlin natives could hardly imagine gastronomy as anything more than currywurst and pilsner, Oliver ushered in a new era of creativity. By doing so, he is helping Berlin regain its beer-identity.

Before we go any further into Berlin's future, however, let's take a look at Oliver's past. Lemke was born in Heidelberg, but moved to a still-divided Berlin in 1981, when he was just 15. Though he made quick work of feeling at home there, he was also a man of the world. In 1984 the opportunity to live in the USA for a year presented itself, and Oliver snatched it up. "I was living on a farm there. The farmer was self-employed, and I was totally fascinated by him, his lifestyle, his work, and his gigantic machines!"

BRAUHAUS LEMKE
Seit 1999
Eine Frage der Ähre

dann anschließend in einem agrarwissenschaftlichen Studium niederschlagen, allerdings wählte Oliver Lemke erst einmal den Weg in die Betriebswirtschaft.

Werd doch Brauer!

Schnell nervten die vielen Zahlen und die Theorie, und Oliver suchte Rat bei seinem Vater. Der dachte nach und sagte: „Schau mal, da gibt's was: Werd doch Brauer!" Kurzentschlossen machte Oli Praktika beim gerade eröffneten Luisenbräu und bei Jever in Ostfriesland. „das fand ich echt super", so Lemke, „ich hab mich dann gleich 1989 bei der VLB eingeschrieben und war vom ersten Tag an fasziniert." Schon während des Studiums konnte er viel Erfahrung sammeln, gründete eine Firma für einen „Braumeistervertretungsservice" und half, Brauereien in aller Welt aufzubauen, unter anderem auch in Japan. „Dann war das Studium vorbei, und alle anderen haben sich bei großen Brauereien, Krones und anderen beworben. Das wollte ich aber nicht. Ich hab erstmal einen Schweißkurs an der Uni besucht."

Damit hatte Lemke das Rüstzeug, um sich in der Garage eine Freundes seine erste eigene Brauerei zusammenzubauen. „Die gibt es heute noch. Sie steht als Versuchsbrauerei im Brauhaus Lemke,

Be a brewer!

Though one would think the natural next step would be to come back and start a farm, he started studying business instead... but not for long. The numbers and theory quickly started to annoy him. He felt lost. He no longer knew what to do. Then one day his father said, "Be a brewer!" and that was it. Oliver got an internship at the newly opened Luisenbräu and then at Jever on the North Sea coast. "It was amazing," he says of his experiences. "Once I was done with my internships I immediately signed up to study brewing at the VLB brewing institute." Even during his studies Lemke was an innovative thinker. He founded his own brewer support company and once again traveled the world, helping build breweries as far away as Japan. "When my studies were finished, most of my cohorts signed on with big breweries or brewery builders, but I didn't want that. Instead I started taking welding courses."

With brewing know-how up one sleeve and welding up the other, Lemke had all the skills he needed to build a brewery with his own two hands, and that's just what he did. "That first brewing system I built still exists. It's actually our test brewery at Brauhaus Lemke." Using the 2 hl system, Oliver managed to brew four batches a week and opened his first restaurant on 21 November 1999 under the S-Bahn archways at

ist aber jetzt mit Kupfer verkleidet." Mit der 2 hl Anlage konnte er vier Sude in der Woche brauen und eröffnete am 21. November 1999 seine erste Gaststätte unter einem S-Bahn-Bogen am Hackeschen Markt. „Ich habe alles zusammen mit Freunden selber gebaut", so der Braumeister, „Wir waren extrem innovativ. In den ersten sechs Monaten haben wir über 50 verschiedene Biere gebraut. Zu Essen hatte ich mir auf Japan das Konzept der Yakitori-Spieße abgeschaut und einen offenen Grill ins Lokal eingebaut. Doch dann kam der deutsche Kunde. Die wollten Buletten und Eisbein."

Immer wieder Kapazitätsproblem

Also hieß es zurückrudern. Nach drei Monaten kam der Grill raus, die Küche wurde erweitert, die Bierpalette reduziert. Neben einem Hellen gab es ein Wiener Lager und ein Pils, saisonal ergänzt durch Märzen, Maibock und ähnliche Biere, von Anfang an auch in der Flasche. Aus Kapazitätsgründen musste Lemke schnell auf andere Braustätten ausweichen, um den Bedarf decken zu können. „Das Ergebnis von Lohn- oder Gypsybrauen ist immer ein Zufallsprodukt. Es fehlt die Zeit, das Zusammenspiel von Rezept und jeweiliger Brauanlage auszutesten und ein Bier richtig zu entwickeln. Es kann klappen, aber man hat keine wirkliche

Hackescher Markt. "My friends and I did everything ourselves. Thankfully we were all really innovative. In the first six months we had already brewed 50 different beers. For the food, we decided to go with a Yakitori concept from Japan. We even installed an open grill in the place. It was great! But then the German customers came, asking us where all the German food was!"

A bit of a crapshoot

The next phase was one of back-pedaling. Three months after they opened, the grill came out, the kitchen was expanded, and the beer selection was also reduced. Along with a Hell beer, they would now serve only a Vienna lager and a pilsner as their regular beer offerings, but could then add in any seasonal beers they felt like brewing, like a Märzen, or a Maibock, and make them available only in the bottle. With the new concept, they were quickly overstretching their capacity and had to start looking for other places to brew to keep up with the growing demand. "The results you get when you gypsy or contract brew are always a bit of a crapshoot. You don't get to play around with the recipe on each different system, which is really what you need to get it perfect. It can work, but you definitely have to give up a certain element of control," Oliver says of the situation. "That's one of the big reasons we decided to scrap the bottle offerings in 2000."

Kontrolle", schildert Oli die Schwierigkeiten mit seiner damaligen Situation, „also haben wir das Flaschenmodell schon 2000 wieder eingestampft."

Parallel zum Brauhaus Lemke ergab sich noch eine weitere Chance im Leben des jungen Brauers. Er erhielt den Auftrag, eine Brauerei auf Teneriffa zu konzipieren und aufzubauen. Durch den Erfolg ermutigt, gründete er als zweites Standbein ein Ingenieurbüro und hebt seitdem weltweit Brauereien aus der Taufe. Durch dieses Engagement gewann Lemke auch den nötigen Spielraum, um seine Berliner Brauerei weiter auszubauen. 2003 ergab sich die Gelegenheit, die

„DAS WAR PURE NOSTALGIE FÜR MICH, HAT MICH EINFACH GEFREUT, DIESE GASTSTÄTTE ERHALTEN ZU KÖNNEN.

traditionsreiche „Tiergartenquelle" zur übernehmen, in der er schon als Student gejobbt hatte. „Das war pure Nostalgie für mich, hat mich einfach gefreut, diese Gaststätte erhalten zu können." Allerdings ergab sich nun wieder eine neue Herausforderung: „Wir haben dann aus allen Rohren produziert, aber unsere Kapazitätsgrenze war absolut erreicht."

As the saying goes, 'when it rains it pours,' and for Lemke the sweet, sweet rain was definitely pouring down on him. His brewing business was in full swing, and then another opportunity came along to develop and build a brewery on the Canary Island of Teneriffa. Confident in his skills now, the young brewer started a second business that specialized in building breweries. This new concept gave him just the financial wiggle room he needed, in order to keep expanding his brewery back in Berlin.

"I WORKED THERE WHEN I WAS IN UNIVERSITY, AND NOW I WAS GOING TO GET TO RUN IT!

Next came the opportunity for Oliver to take over the popular Tiergartenquelle in Berlin. "That was such a cool experience for me," Lemke says of the venture. "I worked there when I was in university, and now I was going to get to run it!" It was an amazing opportunity, but every opportunity comes with its challenges. "We were producing out of every possible kettle and pipe, but we were just plain out of capacity."

Hier half der Zufall. Denn das benachbarte Leopolds Brauhaus, 1993 als Alexanderbräu eröffnet, war insolvent und stand mit seiner 15 hl Anlage zum Verkauf. Oliver Lemke erhielt den Zuschlag und konnte noch 2004 sein neues „Brauhaus Mitte" eröffnen: „Das war natürlich auf einmal eine ganz andere Dimension. Ich hatte nun Verantwortung für über 40 Mitarbeiter, aber es hat sich erstaunlich schnell eingependelt." Drei Jahre später ergab sich eine ähnliche Gelegenheit, als das „Luisenbräu" endgültig seine Pforten schließen musste. Der Hauseigentümer wandte sich mit einem Hilferuf an Lemke, der

As fate would have it, the neighboring brewery had just gone under and had a 15 hl system to get rid of, allowing Lemke to open up the Brauhaus Mitte. "That was a completely different dimension. Suddenly, I was responsible for 40 other people. Thankfully there didn't seem to be too many kinks that needed working out, and so things ran really smoothly."

Totaly crazy

Three years later, a similar situation presented itself when Luisenbräu had to finally shut its doors for good. "It was totally

über zehn Jahre vorher dort einmal als Praktikant gearbeitet hatte: „Das war der Hammer. Die hatten mitten im Sud aufgehört. Das war ein echter Hilferuf. Ich hab mir dann erstmal meine Gummistiefel angezogen und da drin sauber gemacht." Das hatte Eindruck hinterlassen. Denn als es darum ging, wer den Zuschlag für den Neuanfang bekommen sollte, standen die Bewerber Schlange, aber Lemke hat den Zuschlag bekommen. Das „Brauhaus Lemke am Schloss" war geboren, natürlich wieder eine echte Herausforderung für den jungen Braumeister: „Wir haben das Ganze erstmal komplett renoviert und optisch wieder in den ursprünglichen Zustand versetzt. Die haben vorher über 70% ihres Umsatzes mit Bier gemacht. Das war nicht mehr zeitgemäß. Also haben wir die Größe der Küche verdoppelt und machen nun über 50% Umsatz mit den Speisen."

Biergarten-Nachwuchs

Im selben Jahr gelang auch noch die Vergrößerung am Hackeschen Markt um einen weiteren S-Bahn-Bogen, wodurch dort auch endlich Kapazitäten für größere Veranstaltungen vorhanden waren. Ein weiterer Glücksfall war 2010 ein Eigentümerwechsel gegenüber der Tiergartenquelle. So konnte Lemke dort endlich seine Pläne für einen Biergarten umsetzen, der den schö-

crazy. I had done my first internship there so many years ago, and now they were calling me. They had stopped production mid-brew, so I put on my rubber boots, rolled up my sleeves, and helped them clean up the mess." Clearly his help was not forgotten. When the time came to apply for the permits to take over Luisenbräu, there was a long list of interested parties, with Lemke at the top. Thus, Brauhaus Lemke am Schloss was born, and Oliver was ready. "We had to completely renovate the place to make it appealing again. The former establishment had made 70% of its revenues from beer, which wasn't really realistic anymore. So we tore up the kitchen and made it twice as big, so now we make 50% of our revenue with food."

Now a beer garden

In that same year, Lemke also started expanding his location at Hackescher Markt, taking over a second archway under the S-bahn to make room for even bigger events. In 2010, he got lucky again when the location across from Tiergartenquelle was looking for a new owner. It just so happened that Lemke had a ready-made plan to develop a beergarden up his sleeve, at the time, and so the Biergarten Quelle came into being.

The next big development for Lemke came to him during a vacation to the USA,

GASTRONOMIE

BRAUHAUS LEMKE AM HACKESCHEN MARKT

Dircksenstraße 143
10178 Berlin

tägl. ab 12 Uhr
030 24728727
www.brauhaus-lemke.com
S Hackescher Markt

GASTRONOMIE

BRAUHAUS LEMKE AM SCHLOSS
Luisenplatz 1
10585 Berlin

tägl. ab 11 Uhr
030 30878979
www.brauhaus-lemke.com
U Richard-Wagner-Platz

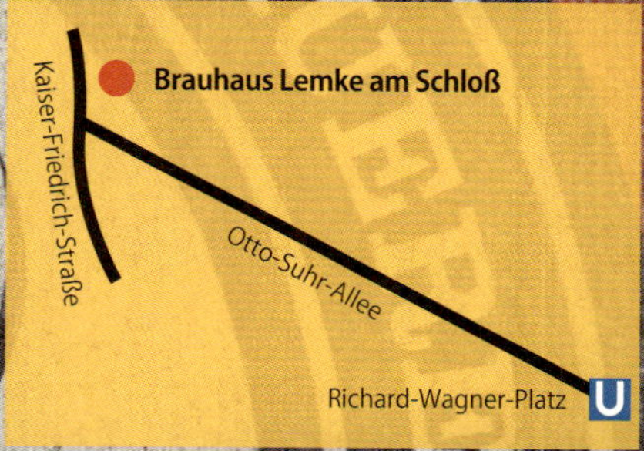

GASTRONOMIE

BRAUHAUS MITTE
Karl Liebknecht Straße 13
10178 Berlin

Mo-Fr ab 16.30, Sa/So ab 11 Uhr
030 30878989
www.brauhaus-mitte.de
U S/U Alexanderplatz

ne Namen „Biergarten Quelle" erhielt. 2010 stolperte der Braumeister zudem beim USA-Urlaub über das New Bern Bierfestival, das zum zweiten Mal stattfand und die große Vielfalt der amerikanischen Craft Beer Szene zeigte:

„WIR HATTEN DIE ERFAHRUNG, DAS KNOWHOW, DIE STANDORTE, KONTAKTE UND ETWAS GELD. WER ALSO, WENN NICHT WIR, SOLLTE DAS UMSETZEN?

„Das hat mich echt umgehauen und an meine Anfangszeit erinnert. Da hab ich mir gedacht: Warum ist das in Deutschland nicht auch so?" Oli vergrößerte daraufhin sofort seine Biervielfalt, und kurz darauf reifte auch die Idee, wieder mit dem Flaschenbierverkauf anzufangen: „Wir hatten die Erfahrung, das Knowhow, die Standorte, Kontakte und etwas Geld. Wer also, wenn nicht wir, sollte das umsetzen?"

Und so herrschte wieder Aufbruchsstimmung im Hause Lemke. Der Vater von vier Kindern packte es an. Weitere S-Bahn-Bögen wurden dazu gemietet, eine Bierleitung zwischen Brauhaus Mit-

when he inadvertently stumbled across the Brew Bern Beer Festival and saw what the Americans were now doing with their

„WE HAD THE EXPERIENCE, THE KNOW-HOW, THE LOCATION, THE CONTACTS, AND EVEN THE MONEY. WHO WAS GOING TO DO THIS, IF NOT US?

beer. "That really knocked my socks off. It reminded me of my very beginnings at Hackescher Markt. That's when I thought, 'Why isn't this happening in Germany?'" The seed had been planted, and from that moment on, Oliver began expanding his range of beers with the thought of bringing back his bottle production not far behind. "We had the experience, the know-how, the location, the contacts, and even the money. Who was going to do this, if not us?"

Once again Lemke and his team were caught by the excitement of doing something truly new. Further S-bahn archways were rented, piping was laid between Brauhaus Mitte and Brauhaus Lemke am Hackeschen Markt, new brewing tanks were purchased, and a bottling system was set up. Lemke

te und Brauhaus Lemke am Hackeschen Markt verlegt, neue Anlagen gekauft und eine eigene Füllerei eingerichtet. Lemke drückte nochmal die Schulbank und absolvierte in Bamberg die Biersommelier-Prüfung, seine Mitarbeiter ließ er zu Bierbotschaftern ausbilden. Und einen S-Bahn-Bogen hat der Brauer für etwas Besonderes reserviert. Hier soll eine neue Berliner Weiße entstehen. Die technologischen Grundlagen sind mit eigenem Labor und eigener Hefebank auch dafür bereits vorhanden. Die Recherche macht Lemke zusammen mit einer Diplomandin der VLB, die ihre Abschlussarbeit über die Berliner Weiße schreibt: „Wir wollen das Thema Berliner Weiße entzaubern, einfach zurück nach Siebzehnhundertschießmichtot und das Original wieder aufleben lassen. Dabei geht es nicht nur im die Mikroorganismen, sondern auch um das Brauverfahren und die Sicherstellung der Reproduzierbarkeit. Ich freu mich schon richtig auf den ersten Schluck!"

Wir auch...

went back to school, and got his beer sommelier certification in Bamberg. In addition, all his employees began the training to become beer ambassadors. Though he was occupying as many S-bahn archways as he could, he still had one reserved for a special project: Berliner Weisse. He's got the laboratory, the yeast bank, and the background. Now Lemke is working together with a student at the VLB brewing institute who is writing her thesis on Berliner Weisse. "We want to strip down the legend of Berliner Weisse back to 1700-something and bring back the true original. It's not just about the microorganisms; it's also about the brewing process and ensuring that it can be reproduced. I can hardly wait for that first sip!"

Neither can we...

MEHR: WWW.BRAUHAUS-LEMKE.COM

BRAUMANUFAKTUR FORSTHAUS TEMPLIN

Templiner Straße 102, 14473 Potsdam

033209 217979

www.braumanufaktur.de

tägl. ab 11 Uhr (Winter Mo-Di bis 16)

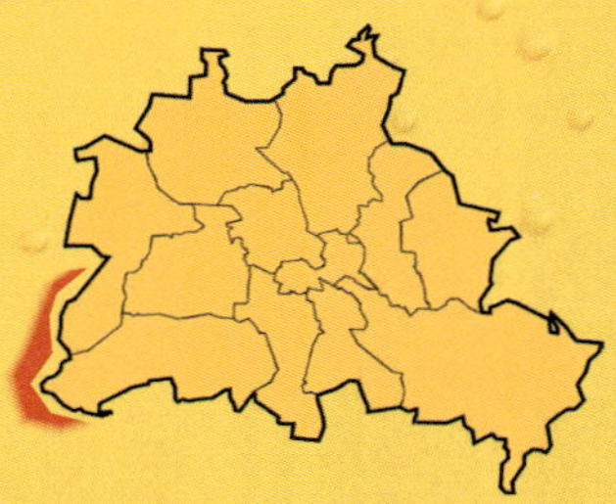

U -

DIE POTSDAMER STANGE

SELF-MADE BREWERY

Die Geschichte von Jörg Kirchhoff und Thomas Köhler beginnt vor rund 30 Jahren, zu Zeiten der ehemaligen DDR. Damals drückten beide gemeinsam die Schulbank und absolvierten in der „VEB Brauerei Potsdam" ihre Brauerlehre. Ihr Jahrgang, 1987-89 war der letzte vor der Wende, weswegen ihr Übernahmevorvertrag mit der Brauerei keine Gültigkeit mehr erlangen konnte. So verschlug es die beiden heute 44jährigen erst einmal in unterschiedliche Ecken. Jörg wurde Braumeister in Schleswig, Thomas im Brauhaus Lünne an der holländischen Grenze im Emsland.

Die beiden verloren sich aber nicht aus den Augen, machten gegenseitige Urlaubsvertretungen und schmiedeten an den Plänen einer eigenen, gemeinsamen Braustätte in ihrem Heimatort Potsdam. 2001 intensivierten sie die Suche, fanden zwar keinen Standort in der Innenstadt, aber dafür erfuhren sie, dass das alte Forsthaus zum Verkauf stand. Seit 1834 hatte sich hier eine Gastronomie etabliert, die zu DDR-Zeiten als Strandbad genutzt wurde. So hatten die bei-

Jörg Kirchhoff and Thomas Köhler go back more than 30 years, to a time when the Berlin Wall was still standing. At that point, both of them were completing their apprenticeships at the VEB Brauerei Potsdam. The fact that they both were graduating in the late 1980s meant that their continuation contracts were absolutely worthless once the Berlin Wall fell, and in the initial years after reunification, the two brewers went where they could, with one landing in Schleswig and the other near the Dutch border.

Regardless, they never lost contact with each other, and their dream of opening their own brewery in Potsdam was never far from their minds. In 2001, the two brewers began looking for a location for the brewery. Although there wasn't anything available in the city center, rumor got around that there was an old cottage from the 1800s for sale. After some hard negotiations the two were able to take the place over and the Forsthaus Templin Braumanufaktur Potsdam was born. They celebrated the opening of their new brewery

VEB
BRAUEREI
POTSDAM
Das
Qualitätsbier

den ihre neue Aufgabe gefunden. Im Folgejahr übernahmen sie die Ruine des 1846 im bayerischen Stil errichteten Forsthauses von der Treuhand und starteten das Projekt „Forsthaus Templin – Braumanufaktur Potsdam". Im Dezember 2003 konnten sie eröffnen und auch schon ihre erste eigene Bierkreation präsentieren: Die Potsdamer Stange. Deses Traditionsbier hatte seine Blütezeit vor dem Zweiten Weltkrieg und verschwand in den 1970er Jahren von der Bierlandkarte. Jörg und Thomas rekonstruierten das alte Rezept dieses untergärigen, mit Gersten- und Weizenmalz gebrauten Bieres und machten es zu Ihrer Marke.

Alte Bierstile wiederbelebt

Der Name der Stange rührt von dem relativ hohen Kohlensäuregehalt dieses zweifach vergorenen Bieres. Dadurch konnte man es nur in sehr hohe Gläser zapfen, die genug Steigraum für den Schaum boten, die „Stange" war geboren. Mit ihrer zweiten Sorte belebten sie ebenfalls einen alten Bierstil aus der Region wieder, das Werdersche Braunbier. 2008 schließlich erblickte die „Potsdamer Weiße" das Licht der Welt. Wie der Name schon sagt, ist sie angelehnt an die Berliner Weiße, wird mit einem speziellen alten Milchsäurestamm vergoren und erhält bei jedem Sud ca.

in December 2003, with the unveiling of their own version of the Potsdamer Stange, a beer creation which had celebrated its heyday in the pre-WWII period, and had almost completely disappeared from the brewing landscape by the 1970s. Being the smart brewers that they were however, Jörg and Thomas reconstructed this bottom-fermented beer and then decided to make it the symbol of their brand new brewery.

Local beer style exploration

This extremely carbonated beer got its name from the fact that it could only be effectively poured into a high thin glass, known as a "stange." Their exploration of the local beer styles did not die there, however, and in 2008 the Potsdamer Weisse came into being. Though similar to its more famous cousin, the Berliner Weisse, the Potsdam variant is brewed with a specific, historically recovered lactic acid, and every batch is brewed in a 4:1 ratio of fresh mash and fermented beer to ensure the same microorganism transfer.

Forsthaus

ein Viertel bereits gereiftes Bier dazu, wodurch die Mikroorganismen immer weiter gegeben werden.

Streichelzoo und Bienenvölker

Parallel zur Bier-Evolution wuchs auch das Forsthaus selbst. Zahlreiche Erweiterungen entstanden rund um das 40 hl Brauhaus, zum Beispiel ein eigener Dampfersteg, über den das Brauhaus nun auch übers Wasser zu erreichen ist und eine direkte Verbindung zur Meierei hat, auch der Spielplatz wuchs in mehreren Schritten, heute beinhaltet er einen kleinen Streichelzoo mit Ziegen, Hühnern und Kaninchen. Drumherum schwirren zwei eigene Bienenvölker, die für Honig und indirekt auch den Honig-Met sorgen. Die Inneneinrichtung baut Jörgs Vater, ein gelernter Zimmermann, der auch so ein bisschen das „Mädchen für alles" im Betrieb ist. Brauereitechnisch kamen in den letzten Jahren ständig neue Tanks und vor allem eine eigene Füllerei dazu, seit 2007 entstehen hier zudem ausschließlich Bio-Biere. Und auch die Bierpalette ist gewachsen. Neben Stange, Dunklem und Potsdamer Weiße gibt es ein Helles und im Sommer ein klassisches Weizen sowie saisonal spezielle Biere wie zum Beispiel den bockstarken Nikolator im Winter.

Complete petting zoo

As the beer became more popular, the brewery had to develop further along as well. They put in a dock to allow visitors to visit the brewery by water, they have a petting zoo complete with goats, chickens, and rabbits, and they even have a bee colony that provides the necessary honey for their honey mead. As Jörg's father is a skilled carpenter, he has been chiefly responsible for the restaurant's interior, and he has become an invaluable jack-of-all-trades for anything that needs to be fixed in the brewery.

Leiche im Sudkessel

Ein Highlight waren sicher die Dreharbeiten zu einer Folge SOKO Wismar, bei denen die Leiche im Sudkessel des Forsthauses zu finden war. „Wir haben da für das Filmteam immer nur hin und her räumen müssen", erinnert sich Jörg an die illustren Tage. „die Folge hieß ‚Tödliches Gebräu', wir haben sie natürlich dann hier zusammen angeschaut." Für einen angebotenen Braukurs hatte das Filmteam zwar keine Zeit, vielleicht wussten die Leute auch einfach nur nicht, was ihnen entgeht. Für Normalsterbliche gibt es nämlich lange Wartelisten…

100% organic

One of the biggest developments, however, was their move to become 100% organic. Amongst their range, they now offer the Stange, a Dunkel, a Potsdamer Weisse, a Hell beer, and a slue of seasonal specialties, including a doppelbock, called Nikolator, in the winter and a classic weizen beer in the summer. They also offer brewing courses, though you may want to order a beer in the meantime, because there is a long waitlist.

GASTRONOMIE

BRAUMANUFAKTUR FORSTHAUS TEMPLIN
Templiner Straße 102
14473 Potsdam

tägl. ab 11 Uhr (Winter Mo-Di bis 16)
033209 217979
www.braumanufaktur.de

MEHR: WWW.BRAUMANUFAKTUR.DE

BREWBAKER

Sickingenstraße 9-13, 10553 Berlin

0177 6940961

www.brewbaker.de

Auf Anfrage

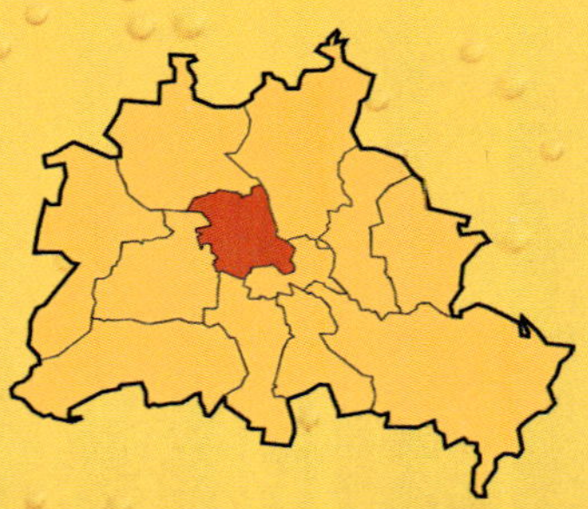

Beusselstraße

ZURÜCK NACH BERLIN

„Ich habe die meistbewegte Brauerei Berlins", empfängt mich „Brewbaker" Michael Schwab in seinen neuen Räumlichkeiten in der Sickingenstraße, „zudem ist es die größte und älteste Familienbrauerei in Moabit – in erster Generation." Bei diesen Worten hat der 40jährige Braumeister ein breites Grinsen im Gesicht. Er gehört sicherlich zu den Berliner Brauern, die sich selbst gut vermarkten können.

Angefangen hat alles mit einer „Schnapsidee", wie Michael erzählt. Nach dem Abitur 1994 ging es ihm wie vielen anderen seiner Generation. Er wusste nicht so recht, was aus ihm werden sollte. „Man legte mir Biotechnologie ans Herz, das galt damals als absolute Zukunftswissenschaft. Als ich mir das angesehen habe, lernte ich dann die Brauereitechnologie kennen, da fand ich das Produkt viel spannender…" Schwab genoss den hohen Praxisbezug seines Studiums und verbrachte während der Zeit zweieinhalb Jahre bei Praktika in kleinen Brauereien. Nach dem Abschluss holte ihn allerdings die wirtschaftliche Realität ein: „Als Brauereiingenieur war ich für die

BACK TO BERLIN

"I've got the most mobile brewery in Berlin," Michael Schwab, the owner of the Brewbaker brewery says, as he ushers me into his brand new location on the Sickingenstraße. "I've also got the oldest and the biggest family-owned brewery in Moabit. And in the first generation at that!" When saying these words a smile starts to spread across his face and it becomes clear that he's definitely one of the Berlin brewers that doesn't seem to be having any problems with the marketing of himself.

According to Michael, his entire career started out by him having what a German would call a Schnapsidee (direct translation: booze idea). Once he finished secondary school, Michael found himself in the same situation that many of us also end up in: He had no idea what he actually wanted to do. "People were telling me that biotechnology was the wave of the future. As I was looking into it, though, I somehow stumbled upon brewing technology and found that much more interesting." Schwab liked the hands-on style of brewing and was able to arrange that he spent 2.5 years of his studies doing

meisten Brauereien einfach ein zu teurer Angestellter", erinnert er sich, „und die, die mich hätten bezahlen können, haben kein Produkt gemacht, das mich interessiert hätte." So blieb quasi nur der Weg in die Selbständigkeit.

Dann war der Bäcker weg

Am 2. Januar 2005 war es dann soweit. Eigentlich hatte Michael mit einem Freund geplant, eine Mischung aus Brauerei und Bäckerei zu eröffnen, daher kann der Name „Brewbaker". „Dann war der Bäcker auf einmal weg, so musste ich es halt alleine machen", erzählt Schwab, „der Laden war eine ehemalige Gaststätte in der Flensburger Straße. Wir haben dann eine kleine, frische Speisekarte gemacht und natürlich meine Biere serviert. Ich war schnell bekannt, allerdings mehr im Ausland, als in Berlin selbst." 2010 allerdings musste die neue Brauerei wegen

internships at small breweries. Unfortunately, once he finished, the reality of his situation began to sink in. "As a brewing engineer I was too expensive for the smaller breweries I actually wanted to work for, and the breweries that could afford me weren't making anything I truly liked."

Make a move

Schwab decided he had to make a move, and it came in January 2005, when he and a friend were set to open a mix of a brewery and a bakery. "That's why we decided to call it Brewbaker, and it made sense until the baker bailed, and I was left to do it on my own," Michael says. "The location was at an old restaurant on Flensburger Straße. We put together a little menu using only the freshest ingredients, and then we served my beer. I got

einer deutlichen Mieterhöhung weichen und vom Hansaviertel in die Moabiter Markthalle X umziehen. So zumindest waren die Pläne. „Ich bin zu den Verantwortlichen und hab gesagt, ich hab eine Brauerei, aber kein Dach mehr über dem Kopf. Sie haben mir dann viel versprochen, aber ihre Versprechen am Ende nicht gehalten."

Also verließ Michael Schwab die Markthalle im November 2011 wieder, um ab Januar 2012 übergangsweise in Luckenwalde weiterzubrauen. Die dortige 30 hl Brauanlage stand aus Insolvenzgründen seit zwei Jahren still und war die idea-

„ NATÜRLICH WOLLTE ICH IMMER WIEDER ZURÜCK NACH BERLIN, WAS ICH DANN AUCH 2014 ENDLICH GESCHAFFT HABE.

le Gelegenheit für den Brewbaker, sein aktuelles Problem zu lösen. „Natürlich wollte ich immer wieder zurück nach Berlin, was ich dann auch 2014 endlich geschafft habe", berichtet Schwab. In den Räumlichkeiten eines Getränkefachhandels in der Sickingenstraße fand er wieder eine Hauptstadt-Heimat. Zum Redaktionsschluss dieses Buches stand die

a lot of publicity really quickly, though most of it was international instead of Berlin-based."

Forced to leave

Unfortunately, due to various rent hikes the brewery was forced to leave the Hansaviertel and the Moabit Markthalle X and settle in Luckenwalde, at least temporarily. "What annoyed me about the whole situation was that they told me I could stay at the Markthalle, but then they kicked me out as

„ IT WAS GREAT, BUT I WAS DETERMINED TO GET BACK TO BERLIN ...

well." As the brewery in Luckenwald had been left unused for the past two years due to bankruptcy issues, it proved the ideal location for Brewbaker. "It was great, but I was determined to get back to Berlin," said Schwab, and in 2014 they made it. In 2014 the brewery found its new Berlin-based location on the Sickingenstraße.

Berlin beer native

The Berlin native loved beer, and his palette developed quickly. His first beer, the Bellvue Pils, was still in the lager tanks when it

Brauerei schon wieder am neuen Platz, hatte einen neuen Boden unter den Füßen und wartete noch auf eine vernünftige Energieversorgung.

Die Bierpalette des gebürtigen Berliners wuchs in den Jahren schnell. Sein erstes eingebrautes Bier war das „Bellevue Pils", wurde allerdings in der Reifephase vom zweiten Sud, einem Pumpkin Lager überholt, das dann als erstes über den Zapfhahn floss. Schwab braute das erste IPA in Berlin und ist sehr experimentierfreudig: „Ich tobe mich in jeder Richtung aus, egal, ob innerhalb oder außerhalb des Reinheitsgebotes. Seit 2005 habe ich sicher mehr als 120 verschiedene Bierstile gebraut." Aktuell sind es ca. 20 verschiedene Biere pro Jahr, die er in Handel und Gastronomie verkauft. Ständig verfügbar sind neben dem Bellevue Pils sechs weitere Biere: Red Lager, Berlin IPA, Berliner Hell, Berliner Nacht, Berliner Blut und die Berliner Weiße.

Bierikone Berliner Weiße

Letztere war natürlich auch für Schwab ein großes Thema, gilt die Weiße doch als Berliner Bierikone schlechthin. Bei seinem Auszug aus der Flensburger Straße entdeckte der Braumeister zwei Originalflaschen Weiße aus einer ehemaligen Brauerei Landré (Stralauer Straße). „Die hab ich natürlich gleich verkostet, und sie waren geschmacklich super", der Ehrgeiz

was overtaken by his own Pumpkin Lager as the first beer on tap at the new location. Schwab can also claim having the very first IPA in Berlin, and so prides himself on his continued interest in developing the new and different. "I like to brew all sorts of beers, regardless of whether they fall within the confines of the Reinheitsgebot. In the last nine years, I have unquestionably brewed more than 120 different beers." At this point, Schwab produces around 20 different beers a year for gastronomy and retail, with the standards being the Bellevue Pils, Red Lager, Berlin IPA, Berliner Hell, Berliner Nacht, Berliner Blut, and the Berliner Weisse.

Original Berliner Weisse

The next big project that has taken up most of the brewer's time has been the Berliner Weisse. When moving out of Flensburger Straße he discovered two original bottles of Berliner Weisse from the long-since-dead Brauerei Landre (on the Stralauer Straße). "As soon as I realized what I had, I had to try it, and it was amazing! I was immediately inspired to start developing my own recipe. Along with Brettanomyces and Lactic bacteria, I also applied two or three other yeast strains, but I can't say more about it than that." Some people in the industry say that brewing with microorganisms is too hard to control, but Schwab just can't understand this concept. "That

war geweckt, „ich hab mich dann gleich an meine eigene Rezeptur gemacht. Neben Brettanomyces und Milchsäurebakterien habe ich noch zwei bis drei weitere Hefen im Einsatz, mehr verrate ich nicht." Den Respekt, den andere Brauer vor den gemeinhin als schwer zu bändigen geltenden Mikoorganismen haben, kann Schwab nicht nachvollziehen: „Das ist eine Brauerlegende, dass man dann sein anderes Bier verunreinigen kann. Mit Heißlauge kriegt man doch alles in der Brauerei platt. Aber ich habe kein Problem damit, wenn die anderen weiterhin keine Weiße machen wollen."

Michael Schwab will auf jeden Fall sein Sortiment an Sauerbieren weiter ausbauen. Die Brauerei in der Sickingenstraße hat aktuell eine Kapazität von 10 hl und soll deswegen baldmöglichst auf 20 hl verdoppelt werden. „Die Pläne sind fertig, ich möchte das selbst bauen", so Schwab, der aktuell die erste Generation seiner Familienbrauerei darstellt, „mein Sohn ist gerade zwei geworden, aber er steht schon in den Startlöchern..."

is a total legend. If you clean your system properly, you will never have cross contamination. But I have to say that I don't have any problem with the others continuing to believe that and continuing to NOT brew Berliner Weisse."

Double capacity

For Michael Schwab, there is no question that his range of sour beers will continue to grow. His brewery on the Sickingenstraße has a current capacity of 10 hl, but he wants to double that in the coming years. "The plans are finished, and I have every intention of doing the expansion," he says. "My son is only two, but I want to be sure he has something he can continue to develop on into the future."

MEHR: WWW.BREWBAKER.DE

ESCHENBRÄU

Triftstraße 67, 13353 Berlin

030 4626837

www.eschenbraeu.de

tägl. ab 17 Uhr

U Leopoldplatz

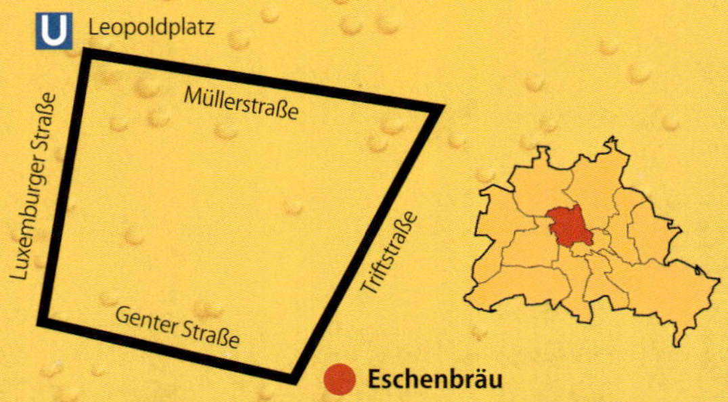

EXPERIMENTE IN BAD UND KÜCHE

Im eher beschaulichen Karlsruhe der 1990er Jahre absolvierte Martin Eschenbrenner erstmal sein Abitur. Das ging zwar gut, aber eben nicht sehr gut, weswegen er sich nach einem Studiengang ohne Zulassungsbeschränkung umsehen musste: Mathematik, Sport, Geophysik, alles nicht so seins, es verschlug ihn zu den Ernährungswissenschaften.

Dass zur flüssigen Nahrung neben den örtlichen Weinen auch vor allem Bier zählt, lernte er im Studium. Und so war der Weg nicht weit, 1992 schließlich eine Brauerlehre beim lokalen Branchenprimus Moninger zu beginnen. „Die haben natürlich nicht mehr ganz so handwerklich gearbeitet, ohne Stiefel und so", erinnert sich Eschenbrenner, „da hab ich nebenbei in Bad und Küche selbst gebraut." Es waren zwar keine zehn Liter, die der Lehrling zusammenköchelte, noch dazu hatte er aus Versehen die Temperatur zu spät heruntergeschaltet – so wurde aus dem geplanten Pils ein süffiger Bock, den er in kleinen 0,33 Liter Flaschen abfüllte.

A BEAUTIFUL DAY

It was a beautiful day sometime in the early 1990s that Martin Eschenbrenner came upon the astounding realization that beer was an official part of his food science major at university. From there, it was not a difficult leap into a brewer's program offered by the local brewery, Moniger.

"They weren't necessarily doing much in the 'hand-crafted' direction at that time, so I decided to start home brewing on the side," Eschenbrenner recalls. He didn't always get the recipes quite right, but sometimes those little missteps ultimately become historical strides: While brewing a pilsner one day, he accidentally turned his temperature down too late, resulting in a bock beer instead.

ESCHENBRÄU

Triftstraße 67
13353 Berlin

tägl. ab 17 Uhr
030 4626837
www.eschenbraeu.de
Leopoldplatz

Das Ergebnis war überwältigend: „Damit kannst Du Dich selbständig machen" oder „Dafür zahl ich gerne" waren die Kommentare der Studienfreunde, bei denen die wenigen Flaschen innerhalb kürzester Zeit vergriffen waren. Damit war der Grundstein für die weitere Karriere gelegt. Nach seinem Gesellenjahr bei der Riegeler Brauerei am Kaiserstuhl wollte der heute 43jährige seine Ausbildung mit einem Braumeisterstudium komplettieren und schaute sich sowohl die Universität in Weihenstephan, als auch die TU/VLB in Berlin an. Letztere machte das Rennen, und Eschenbrenner wurde Wahlberliner: „Mich hat die riesige Stadt fasziniert, und wir waren nur 15 Leute im Studiengang. Eine perfekte Mischung." Und so lebte sich der angehende Braumeister ein, lernte seine heutige Partnerin kennen und dachte wieder an die Selbständigkeit. Ganz Baden-Württemberger, wollte er aber nichts dem Zufall überlassen und nahm erstmal an einem Businessplanwettbewerb teil. Beim zweiten Versuch landete Eschenbrenner auf Platz 1 und gewann 5.000 DM, die er dann in Teile für seine Eigenbau-Brauerei investierte.

Geburt eines Kultlokals

Bald war die 2,5 hl Anlage fertiggestellt, die später Großteils auch wieder als Baumaterial für das heutige 5 hl Sudhaus dienen sollte. Im September

" YOU COULD MAKE A LIVING OUT OF BREWING THAT ...

"You could make a living out of brewing that," friends of his lucky enough to get a bottle started to say. And so began his exciting career in the world of brewing.

The next step was Berlin, where he enrolled in the Brewmaster program at the Technical University and dreamed of setting up his own independent brewery. In order to raise capital for this venture, Eschenbrenner took part in a business plan competition and won first place, securing him 5,000 DM (2,500 euros) to finance the construction plans for his new brewery.

2001 gründete Martin Eschenbrenner sein Eschenbräu und begann, Bier an Studentenverbindungen zu verkaufen. Im April 2002 kam der eigene Ausschank hinzu: Aus einem ehemaligen Band-Proberaum und einem Studentenkeller wurde das heutige Kult-Lokal, das zu Beginn allerdings wegen seiner versteckten Lage kaum Bekanntheit erlangte. Es sollte bis 2008 dauern, dass der Braumeister und seine Familie vom Ertrag seines Handwerks leben konnten, das für ihn eine komplette 6 Tage – 60 Stunden – Woche bedeutet. In mehreren Schritten konnte Eschenbrenner das Kellerlokal noch erweitern und im Sommer den Innenhof als Biergarten nutzen. Nach und nach fragten auch Gaststätten an, ob sie sein Eschen-

„ DAS HABEN WIR SCHON ZUHAUSE ALS KINDER GEMACHT, ÄPFEL GEPFLÜCKT UND VERMOSTET. SO HAB ICH MIR EINEN KLEINEN TRAUM ERFÜLLT.

bräu ausschenken durften. Zur Brauerei kam 2007 eine Apfelkelterei: „Das haben wir schon zuhause als Kinder gemacht, Äpfel gepflückt und vermostet. So hab ich mir einen kleinen Traum erfüllt.“ Zwei Jahre später folgte auch

Shady beer garden

In September 2001, Eschenbrenner's Eschenbräu brewery was complete, with a brewing capacity of 2.5 hl. From there, it was a long road until Eschenbrenner and his family could live from his beer proceeds, but it has paid off: The little out-of-the-way basement space he bought in April 2002 has now been expanded to boast a shady beer garden, an apple pressing machine, and his own distillery. 2010 marked the birth of his first whiskey, which was met with huge success upon its release to the market in 2013.

Bestsellers

Now Eschenbrenner has 18 rotating unique beers on tap, some of which are extreme rarities. He loves finding new ways of creating powerful and diverse flavors, and continues to experiment to this day. That being said, every brewer has his bestsellers, Eschenbrenner's being the Bayrisch Hell, Schwarze Molle, and Rote Wedding. Coincidentally, these three beers happen to be his favorite beers of moment as well.

die eigene Brennerei: „Ich heiße doch EschenBRENNER, ist das nicht Verpflichtung genug?" – Eschenbrenner schmunzelt – „Außerdem hat mein Onkel schon immer sein Obst brennen lassen, ich war oft dabei. Das wollte ich dann unbedingt auch machen. Mich fasziniert ja alles, was mit Gärung zu tun hat." 2010 lagerte er schließlich seinen ersten Whisky ein, der drei Jahre später mit großem Erfolg in den Verkauf ging.

Wahre Raritäten

Zurück zum Bier: 18 Spezialbiere wechseln sich an Eschenbrenners Zapfhähnen ab, darunter wahre Raritäten, von urig malzbetont bis kräftig hopfenaromatisch. „Die Rezepturen verändere ich immer wieder, um noch mehr Geschmack in mein Bier zu bringen", erklärt der Brauer aus dem Wedding seine Philosophie, „Das Gute ist, dass die Berliner nicht vorgeprägt sind, wie die Bayern oder die Hamburger, sie sind einfach nur dankbar für jedes kräftige Bieraroma, das man ihnen einschenkt." Dennoch gibt es Unterschiede im Absatz. Das „Bayrisch Hell" beispielsweise ist immer am schnellsten ausgetrunken, ebenso wie die „Schwarze Molle" und der „Rote Wedding". Die drei sind auch die Lieblingsbiere des Braumeisters selbst, der sagt: „Zum Durstlöschen trinke ich ein Wasser vor dem Bier, aber

" MY BEERS ARE SOPHISTICATED AND HAVE STRONG ENOUGH CHARACTERS TO STAND ON THEIR OWN, WHICH IS EXACTLY WHAT I LIKE BEST ABOUT THEM

"My beers are sophisticated and have strong enough characters to stand on their own, which is exactly what I like best about them," he says. It appears that his customers share his sentiment, as the brewery has had to triple the amount of beer it produces over these past few years.

dann brauche ich Aroma. Meine Biere sind anspruchsvoll und eigenständig, eben charakterstark, so möchte ich das haben." Und seine Gäste auch, wie die Verdreifachung seines Bierabsatzes in den letzten Jahren zeigt.

Berlin ist nicht genug

Nicht nur sein Bier, sondern auch Brauer Eschenbrenner selbst ist mittlerweile völlig in der Bundeshauptstadt angekommen: „Ich bin jetzt seit 19 Jahren in der Stadt, da bin ich schon fast Berliner, oder?" Als Arbeitgeber und Vater von drei Kindern, der Berliner Bier mit Liebe und Leidenschaft braut, kann ihm das sicher keiner absprechen. Auf die Frage, was die Zukunft bringen soll, bekomme ich aber eine unerwartete Antwort: „Ich möchte mit einem Kumpel an der kroatischen Adria eine Hausbrauerei aufmachen und dann jeweils ein halbes Jahr hier und dort leben..." Da kann man die Kroaten nur beglückwünschen...

The future

When asked about the future, Eschenbrenner reveals that he has no intention of letting his entrepreneurial spirit dwindle, saying, "What I'd really love is to set up a nano-brewery with a good friend of mine in Croatia. Then we could just switch off, with one of us here and the other one there at different times of the year". To that we say, "Cheers to Croatia!"

MEHR: WWW.ESCHENBRAEU.DE

FLESSABRÄU

Petersburger Straße 39, 10249 Berlin

030 23470831

www.brauerei-flessa.de

Mo-Fr 9-16 Uhr

S Landsberger Allee

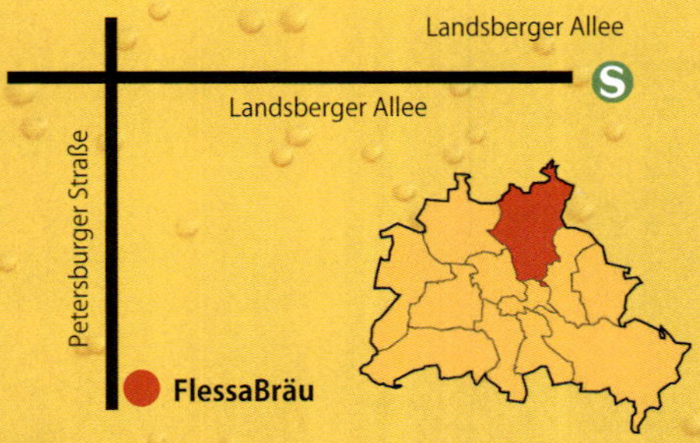

AUS MEXIKO AN DIE SPREE

Christoph Flessa war fast schon für die Hauptstadt verloren, am Ende kam er dann doch an die Spree – glücklicherweise für die Berliner. Denn eigentlich waren die Pläne schon fix und fertig. Seit 1990 hatte der gebürtige Bochumer in Berlin gewohnt und war 1999 aus beruflichen Gründen nach Mexiko gegangen. Dort fand er nicht nur sein privates Glück, sondern wollte sich bald mit einer eigenen Brauerei von den sporadischen Bierlieferungen seiner deutschen Freunde unabhängig machen.

„Ich hatte schon den perfekten Ort in Mexiko gefunden, auf 2700 Metern Höhe und wollte 2007 nur nochmal kurz in meine Heimat, um die letzten finanziellen Mittel zu besorgen", erzählt der heute 46jährige Flessa, „doch dann fingen dort die Gewaltprobleme an. Wir hätten in eine schwerbewachte Siedlung ziehen, die Biertransporte von schwerbewaffneter Security schützen lassen müssen." Das wollte der dreifache Familienvater sich und seinen Lieben nicht antun und gab die Pläne des mexikanischen Unternehmens 2010 endgültig auf.

TAP FOR RENT

If you had asked Chrisoph Flessa when he planned to return to Berlin ten years ago, the answer would have been a very clear, "Never!" Thankfully though for Berlin, that was not to be the case. In 1999 Flessa was called to Mexico for his expertise and ended up finding happiness. Not only did he find love; he also found a way to live from beer alone.

"Mexico was like a dream," he says, "but at some point the situation there started getting too intense. We had to move into a protected district, and our beer could only be transported under guard." As a father of three, the risk got to be too much, and in 2010, he gave up the company there and moved back to Germany.

The dream survived

Though he may have given up on Mexico, he hadn't however given up on his dreams, and in 2012, he opened his very own brewery. "It is still just a side project for me here. I still earn my living working as a German teacher helping refugees," the

Allerdings nicht die Brauereipläne. Also suchte er passende Räumlichkeiten in der Bundeshauptstadt, in denen er 2012 nach einer umfangreichen Renovierung dann auch seine Brauerei eröffnen konnte. „Das war natürlich erstmal im Nebenerwerb. An sich hab ich Deutsch als Fremdsprache unterrichtet und mich um Flüchtlinge und Jugendliche gekümmert." Die Brauanlage besteht aus mehreren Teilen des „Speidels Braumeister"-Systems und hat aktuell eine Kapazität von 200 Litern, soll aber demnächst auf 500 Liter erweitert werden.

Zapfanlage zum Mitnehmen

Das Brauen hat sich der kreative Tüftler selbst beigebracht und pendelte dabei zwischen Balkon und Keller.

> **„ICH PROBIERE IMMER ALLES SELBST – DAS IST EINE GANZ STRENGE QUALITÄTSKONTROLLE ...**

Nach Experimenten mit Weizen, Kölsch und Pils entwickelte er nach

46-year-old says. His current brewing system is small, with a capacity of a mere 200 liters, but he has plans to expand it to 500 liters in the near future.

Tap for rent

Flessa works hard at his craft, and has experimented a great deal to develop the Weizen, Pilsner, and Export beers now in his range. He also features a 3.7% session beer and an organically dry hopped beer.

> **„I ALLOW PEOPLE TO ACTUALLY RENT OUT ONE OF MY TAPS IF THEY LIKE FOR A NIGHT AND THEN WHATEVER THEY DON'T END UP DRINKING, THEY CAN TAKE HOME WITH THEM IN A BARREL ...**

In addition to these offerings, Flessa offers something really special for his guests, "I allow people to actually rent out one of my taps if they like for a night and then whatever they don't end up drinking, they can take home with them in a barrel…or maybe even two," he winks.

und nach sein heutiges Sortiment. Zu dem gehören neben Pils, Export und Weizen auch ein leichteres Schankbier mit nur 3,7% Alkohol und diverse hopfengestopfte Biere, für die er ausschließlich Bio-Hopfen verwendet. Für seine Kunden bietet Flessa nicht nur Flaschenbier, sondern auch einen ganz besonderen Service: „Sie können eine komplette Zapfanlage mieten und dann entsprechend ein oder mehrere Fässer mitnehmen." Außerdem gibt es den feinen Gerstensaft in etwa 20 Gastronomien verteilt über ganz Berlin. Die Qualität ist dabei garantiert: „Ich probiere immer alles selbst – das ist eine ganz strenge Qualitätskontrolle…" Wer möchte, kann das aber auch selbst in die Hand nehmen, Christoph veranstaltet regelmäßig spannende Braukurse.

Brewing courses

If you end up liking what you taste there, as many of us do, you will be able to find his beers all over Berlin (at approximately 20 locations), and, unlike many others, he always guarantees a certainly level of quality for his beers. "I try everything myself to ensure that my beer will always taste good." For those whose interest is sparked, Christoph also offers regular brewing courses.

MEHR: WWW.BRAUEREI-FLESSA.DE

HEIDENPETERS

Markthalle Neun, Eisenbahnstr. 42-43, 10997 Berlin

0176 22291688

www.heidenpeters.de

Do 17-22, Fr 14-20, Sa 12-20 Uhr

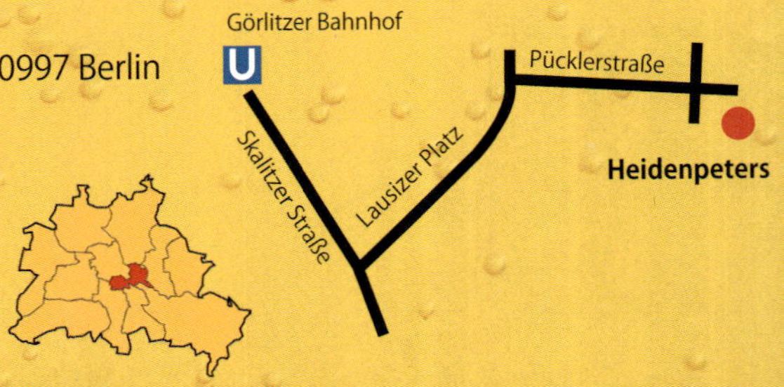

U Görlitzer Bahnhof

KLEINER STAND - GROSSE KULTUR

Berlin Kreuzberg, Markthalle IX, ein emsiges Treiben, überall wuseln Menschen von Stand zu Stand, erstehen kulinarische Köstlichkeiten, von denen jede so aussieht, als wäre sie mit ganz viel Liebe nur für den Kunden hergestellt worden, der sie gerade ersteht. Am Ende eines Seitenganges zeigt sich die ehrwürdige Markthalle von einer anderen Seite: Seelenruhig steht eine bunt gemischte Menge in einer langen Schlange vor einem kleinen Stand mit einem großen Zapfhahn.

Zwei junge Damen schenken geduldig ein ums andere Bier aus und machen ihre Kunden glücklich. Auf einer schwarzen Holztafel unter dem Logo der Brauerei stehen die Biersorten: Holunder Ale, Pale Ale, Thirsty Lady. Unweit von dem Treiben treffe ich den Brauer, Johannes Heidenpeter, dem man seine Biographie auf den ersten Blick ansieht.

Der 34jährige stammt aus der Nähe von Wolfsburg und studierte nach dem Zivildienst Freie Kunst in Braunschweig. Vor neun Jahren zog es ihn schließlich nach Berlin, wo er seinen Lebensunter-

THIRSTY LADY

In the very back of Markthalle Neun, which happens to be smack in the middle of Berlin's übercool neighborhood Kreuzberg, you'll find our next brewery, Heidenpeter, and if you're lucky you could quite probably run into the brewer, Johannes Heidenpeter, as well.

Markthalle Neun is one of these special collaborative projects involving artists and small business owners that helps display what makes Berlin so unique. One of the last three remaining indoor market halls in Berlin (originally there were 14), Markthalle Neun is a historically protected building.

„DAS REINHEITSGEBOT IST MIR TOTAL SCHNURZPIEPE. DIE LEUTE WISSEN GENAU, WORUM ES SICH BEI MEINEN BIEREN HANDELT.

halt mit seiner Kunst bestreiten konnte. Doch auch ein Künstler braucht ein Hobby: Johannes Heidenpeter entdeckte das Brauen für sich.

Bunt zusammengewürfelt

Vom ersten Sud 2010 bis zur Brauereieröffnung 2012 dauerte es nur eineinhalb Jahre. Dabei kam dem Niedersachsen zugute, dass er zur Eröffnung der Markthalle IX bei einem Kunstprojekt mitgearbeitet hatte. Damals konnte er gute Kontakte knüpfen, und so kam die Idee, hier seine Brauerei zu eröffnen, sofort an, und er wurde mit offenen Armen empfangen. Unterhalb der Marktetage liegen die Räume einer ehemaligen Fleischerei. Dort steht jetzt Heidenpeters 5 hl Sudkessel, eine Anlage, die er aus den unterschiedlichsten Teilen zusammenbaute: „Das ist garantiert die in der Anschaffung billigste Brauerei der Stadt. Bunt zusammengewürfelt, aber man kann damit gute Biere brauen. Es ist nur ziemlich umständlich", berichtet der Brauer mit einem Schmunzeln auf den Lippen, „Ich habe mit absolut Nichts angefangen, musste mir sogar von Freunden Geld leihen. Heute bin ich Arbeitgeber, und das finde ich total super. Ich achte auch auf meine Leute."

Nicht nur das Arbeitgeber-Dasein hat Johannes Heidenpeter einfach auf sich zukommen lassen, auch die Sache mit

Beloved meeting point

Markthalle Neun's objective now is to demonstrate that alternative eating and shopping is possible in an urban space. With an emphasis on regional and seasonal products, the hall serves as a beloved meeting point for visitors to the weekly market (Tuesday, Friday and Saturday) and the street food market (Thursdays). Being one of the permanent structures in the hall, Heidenpeter's small in-house brewery has become a bit of a "market-within-the-market" where many of the other stand owners like to secretly trade their wares with Johannes in exchange for some of the amazing beer he produces.

HEIDENPETERS
Markthalle Neun
Eisenbahnstraße 42-43
10997 Berlin

Do 17-22. Fr 14-20, Sa 12-20 Uhr
0176 22291688
www.heidenpeters.de
U Görlitzer Bahnhof

Reihe 5
WC

dem Bierbrauen entwickelte sich nach und nach: „Am Anfang hatte ich ein gutes Buch übers Brauen. Später haben mir dann Freunde geholfen. Zum Beispiel Fritz Wülfing von Ale Mania." Heidenpeters erster Sud war ein belgisches Saison, dazu kamen noch zwei englische Pale Ales. Die Kunden kamen zu Beginn noch eher spärlich, doch nach einem halben Jahr ging es immer weiter bergauf. So konnte der Bier-Künstler seinen Job in einer Kunstgalerie kündigen und sich voll auf sein Bier konzentrieren. Schon ein Jahr später folgte der erste Mitarbeiter in der Brauerei. „Aktuell haben wir das Maximum erreicht. Nächstes Jahr würde ich gerne die Kapazität verdoppeln, das wäre schön."

Reiheitsgebot schnurzpiepe

Heidenpeters Leben spielt sich momentan fast ausschließlich in der Brauerei und der Markthalle ab: „Das ist mein persönlicher Kosmos. Für einen klassischen Doppelsud stehe ich 16 Stunden an den Kesseln, dazu kommt noch das Abfüllen per Hand, bei dem mir aber im Moment meine Schwester hilft. An den Wochenenden schaffe ich es dann auch mal nach Hause zu meiner Fast-Frau.". Die beiden leben in Friedenau und genießen dort die Ruhe abseits von Kreuzberger Trubel. „In der Szene sind wir eher weniger unterwegs."

Perfect place

Johannes's connection to Markthalle Neun runs deep. An artist by trade, Johannes Heidenpeter decided to pick up brewing as a cool new hobby for him to do when he wasn't making art. One of the artistic projects he was working on at that very same time happened to be the development of a new neighborhood-friendly concept that could support local businesses and revitalize the Markthalle Neun, which had fallen into disarray. It did not take much to convince those involved in the project (who were already familiar with the fabulous brews Heidenpeter had been creating on his own) that Johannes should take the plunge and move his brewery to a larger scale. With its former butcher shop space in the basement, Markthalle Neun offered the perfect place for him to not only brew but also serve his amazing concoctions. For the Markthalle itself, having an in-house brewery meant that they could provide a valuable, much needed service to their guests while purusing the stands at the weekly market or visiting the delicious food trucks at the street food market.

In Sachen Bier ist sich Heidenpeter treu geblieben: „Das Reinheitsgebot ist mir total schnurzpiepe. Die Leute wissen genau, worum es sich bei meinen Bieren handelt." Zwei Klassiker gibt es immer bei ihm: Das Pale Ale, mit dem Johannes selbst in die Welt der Craft Biere eingestiegen ist („Mein persönlicher Pils-Ersatz"), und ein leichtes Blond namens „Thirsty Lady". Daneben wechseln sich verschiedene Kreativbiere ab, wie beispielsweise ein Black IPA oder Biere mit Holunder oder Wacholder. Und die sind dann die heimliche Währung bei den Mitarbeitern der vielen Stände in der Markthalle. Morgens trinken natürlich alle erstmal Kaffee, doch dann bricht Heidenpeters Zeit an. Sogar ein bisschen früher, als im restlichen Berlin. Die große Uhr der über 120 Jahre alten Markthalle geht nämlich zwölf Minuten vor. Man ist hier also immer ein bisschen seiner Zeit voraus.

Thirsty Lady

In Heidenpeter's tap rotation, you will always find the two main staples of the brand, his 'Pale Ale' which is much revered amongst the local craft beer drinking aficionados, and a blond beer which has been aptly named the 'Thirsty Lady'. Some of the rotating specialties Johannes has brewed have included a black IPA, a elderberry beer, and a juniper beer. Of course, a location like this is always best experienced in person! Check it out for yourself. You never know what surprises Johannes Heidenpeter might be brewing up!

MEHR: WWW.HEIDENPETERS.DE

HOPS & BARLEY

Wuhlischstraße 22, 10245 Berlin

030 29367534

www.hopsandbarley-berlin.de

Mo-Fr ab 17, Sa/So ab 15 Uhr

S/U Warschauer Straße

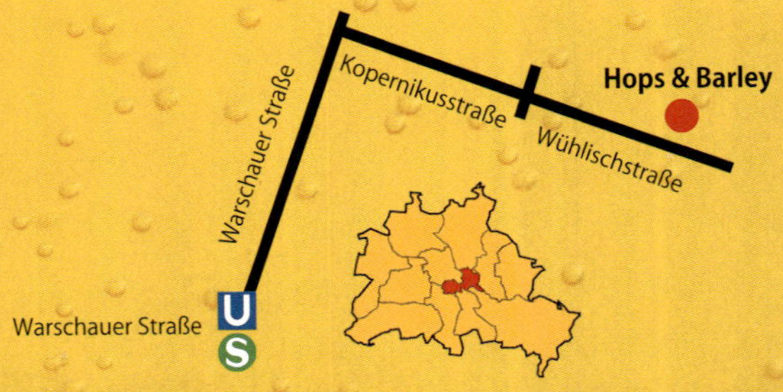

VOM BIERPARADIES NACH BERLIN

„Worship the hops and the barley", so lautet eine Zeile aus dem Song „Hops and Barley" der britischen Punkrockband Leatherface. Hopfen und Malz ehren – das hat sich auch Philipp Brokamp auf die Fahnen geschrieben, der nicht nur Fan der eben genannten Band ist, sondern eben auch Brauer.

Für den gebürtigen Borkener stand nach der Schule erst einmal die Ausbildung zum Sportjournalisten auf dem Programm. Der Fußballfan kam jedoch schnell in die Alltagsmühlen des Lokaljournalismus und beschloss, doch eher einen Handwerksberuf zu lernen. Ein Besuch beim Arbeitsamt brachte neben Schreiner und Tischler auch den Brauerberuf aufs Tablett. Nach über 50 Bewerbungen fand er schließlich 1996 eine Lehrstelle in der Brauerei im bayerischen Horneck. „Dort herrschten paradiesische Bedingungen. Es gab eigene Gerste, eigene Mälzerei, einen Brunnen und einen Hopfengarten. Ich wusste nach zwei Tagen: Das ist es!" erzählt der heute 38jährige. Philipp hatte seinen Traumberuf gefunden. Schnell erhielt er viel Verantwortung und be-

A MAN WITH A VISION

"Worship the hops and the barley" are Philipp Brokamp's favorite lines from the punk band Leatherface's song called...you guessed it..."Hops and Barley." Though one might not expect most people to take a song they like and name their brewery after it, Philipp Brokamp is not most people.

Originally a journalist, by 1996 Brokamp had tired of the grind of local reporting and was ready for something new. He dropped out of journalism and into a brew kettle, getting an apprenticeship at Horneck Brewery in Bavaria. "I felt like I was in paradise," he says. "They had their own barley, their own malthouse, their own water source, and a hop garden. Two days in, I knew I had made the right decision!"

After acquiring the necessary money and experience, Brokamp was drawn to the capital, where he continued his brewing studies at the VLB brewing institute. Of course, just one specialization wasn't enough for Brokamp, and he tacked on additional qualifications through university-level yeast projects and as a beverage technician.

schloss, das Braumeisterstudium anzuschließen. Vorher verdiente er sich noch in Horneck und bei Rolinck in Steinfurt das nötige Kleingeld.

Standort in Berlin

Nach der Ausbildung in Bayern wollte der frisch gebackene Brauer zum Studium lieber in die Bundeshauptstadt und schrieb sich 1999 an der VLB ein. 2001 schloss Philipp noch das Studium zum Getränketechnologen an und arbeitete anschließend an einem He-

Once he was finished adding badges to his brewer's-vest, he took a job at the Freilicht-museum Brewery in Hagen, where he enjoyed plenty of free room to play. As often happens, however, Philipp had left his love in Berlin and yearned to return. This time he wanted his own brewery.

fe-Projekt der Universität. Glücklicherweise erreichte ihn dann allerdings ein verlockendes Angebot aus Schwelm bei Wuppertal. Die zugehörige Brauerei im Freilichtmuseum Hagen suchte ihren Braumeister. Eine perfekte Spielwiese für echte Brauer-Männer, da fiel die Entscheidung nicht schwer. Einen Nachteil hatte der neue Job: Philipp hatte nun eine klassische Fernbeziehung. Deswegen reifte nach und nach die Lust, wieder nach Berlin zurückzukehren, dann aber mit einer eigenen Brauerei. 2007 entdeckte der Braumeister schließlich einen geeigneten Stand-

„ ... NACH EINEM JAHR WAR DAS GELD ALLE, DANN MUSSTEN WIR 2008 ERÖFFNEN.

ort: Eine alte Fleischerei in Friedrichshain. Die war bereits 1995 geschlossen worden und verfiel vor sich hin. Mitten in einem Gewusel aus Schlamm, Bleirohren, herumhängenden Kabeln und weiterem Unrat stand nun Philipp Brokamp und hatte seine neue Brauerei vor Augen. Die ganze Familie packte mit an, nach und nach entstanden eine neue Fensterfront, Sanitäranlagen, Gär- und Lagerkeller und alle weiteren

Hip neighborhood

In 2007 he found himself in the hip former East Berlin neighborhood of Friedrichshain staring at a long-since-closed deli falling to ruins. It wasn't pretty, but Brokamp had a vision. With the help of friends and family, the rotted out deli became his dream. It was his brewery, and he named it…you guessed it again…Hops and Barley (The song still plays daily as an anthem of sorts for the guests). Though he did have some initial setbacks, including having his brewing system burst only one year into operation, Philipp's establishment has been nothing short of a total success. Since he opened his doors in 2008, Hops and Barley has taken the neighborhood by storm, becoming an extremely popular watering hole for local residents (and lucky tourists) looking for great beer. He has expanded his brewing capacity as well, now using his old system to do special batches, including his legendary Coffee Ale, and in 2012 he was even able to hire on a second brewer.

Schmalz
veg Bio-Schmalz
Salami
2,50 €

GASTRONOMIE

HOPS & BARLEY
Wuhlischstraße 22
10245 Berlin

Mo-Fr ab 17, Sa/So ab 15 Uhr
030 29367534
www.hopsandbarley-berlin.de
S/U Warschauer Straße

Räumlichkeiten in ihrem heutigen Zustand. „Ohne die Hilfe meiner Leute wäre das sicher nicht gegangen", so der Brauer heute, „nach einem Jahr war das Geld alle, dann mussten wir 2008 eröffnen." Der Name nach dem Songtext war auch schnell gefunden: „So hatten wir gleich eine richtige Kneipenhymne." Es vergeht auch heute noch kaum ein Tag, an dem der Leatherface-Song nicht durch die Gaststätte dröhnt.

Als Brauerei diente eine Brauanlage aus einem insolventen österreichischen Hotel. Der kleine 50-Liter-Kessel lief fast rund um die Uhr, bis zu vier Sude am Tag ermöglichten eine Leistung von sechs Hektolitern pro Woche. Bereits ein Jahr später platzte der gesamte Betrieb aus allen Nähten, Philipp schloss den Raucherraum an und ließ sich eine eigens für ihn entworfene 5 lh Brauerei liefern: „Ich hab denen gesagt, macht mir das Einfachste, was Ihr habt", erinnert sich Brokamp, „damit kann ich am besten arbeiten." Die alte Brauerei blieb allerdings stehen. Auf ihr köchelt der Braumeister kleine Menge von besonderen Suden, wie beispielsweise ein heute legendäres Coffee Ale. Es ging weiter aufwärts mit „Hops & Barley", 2012 konnte Philipp einen Brauer einstellen, aktuell plant er an einer zweiten Braustätte in Marzahn, um die Kapazität zu verdoppeln.

Holy trinity

Hops & Barley offers its own tasty versions of the "Holy Trinity" of German beer: the Pils, the Dunkel, and the Wheat beer. In addition, they brew specialty batches which change every 14 days and have included everything from multi-grain beer, to cider, to international craft beer hits such as a pale ale which sold out within five days! If you don't see Philipp brewing, you're likely to find him baking his very own Treberbrot, which is a homemade bread made of spent brewer's grain (and is delicious)!

Renner Pale Ale

Das Biersortiment besteht aus drei Standardsorten, Pils, Dunkel und Weizen, ergänzt um die saisonalen Spezialbiere, die ungefähr alle 14 Tage wechseln. Dann fließen Mehrkornbiere, Bockbiere und internationale Bierstile aus dem Hahn. Der absolute Renner war das Pale Ale, von dem in 5 Tagen der komplette Sud von 5 Hektolitern ausgetrunken war. Dazu kommt noch ein eigener Cider, der ebenfalls großen Anklang findet. Wenn Philipp nicht braut, steht er hinter seinem kleinen Brotbackautomaten und backt das hauseigene Treberbrot, ein echter Klassiker unter den Stammgästen des Hops & Barley. Und nachdem er fast jeden Tag selbst hinterm Tresen steht, hat er seine Ohren auch ganz nah an den Gästen: „Ich kriege jeden Tag ein Feedback", schmunzelt der 38jährige, „außerdem sind wir eine kleine Kontaktbörse. Jeden Abend werden hier neue Bekanntschaften und Freundschaften geschlossen."

Big plans

Be on the lookout for more from Hops and Barley in the future. As things continue to progress, Philipp has big plans to open a second location in Marzahn, which would double his capacity. Until it opens, tourists and locals alike are welcome to meet Philipp and try his beers in Friedrichshain. Speaking of tourists, "Hops and Barley" has two guest rooms available to hop-heads wishing to enjoy the beer-tiful sights of Berlin. Don't miss out on this!

MEHR: WWW.HOPSANDBARLEY-BERLIN.DE

KRONGUT BORNSTEDT

Ribbeckstraße 6-7, 14469 Potsdam

0331 550650

www.krongut-bornstedt.de

tägl. ab 11 Uhr

U -

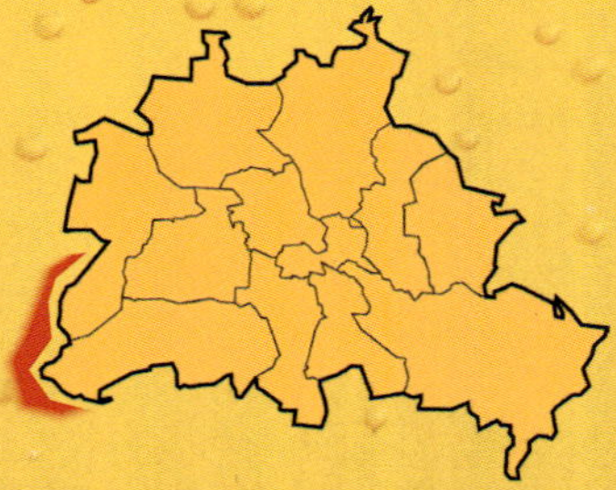

DER MANN FÜR ALLES

„Ich will erst das beste Bier Potsdams brauen, und dann das beste Bier der Welt!" Mit diesen Worten empfängt mich der 25jährige Sven Blinde, allein verantwortlicher Brauer im Krongut Bornstedt. Neben dem Brauen hat er allerdings noch einige weitere Aufgaben in seinem Arbeitsvertrag stehen: „Ich mache auch noch Thekendienst und kümmere mich um das Lager", erzählt der Braumeister, „da ist es natürlich schwer, sich voll aufs Brauen zu konzentrieren."

Dennoch bekommt er es erstaunlich gut hin. Denn die Arbeit mit der exotisch angelegten Brauerei ist nicht einfach, und er wurde ganz klassisch ins kalte Wasser geworfen. „Ich bekam den Job ganz kurzfristig im Dezember 2013. Mein Vorgänger war krank, und ich musste den ersten Sud komplett mit ihm am Telefon machen."

Regionaler Hopfen

Mittlerweile haben er und seine Brauerei aber gut zueinander gefunden, Sven entwickelte für alle Biere neue

BEERY ONE-MAN-SHOW

"Goal one is to brew the best beer in Potsdam. From there I'll go for the title of best in the world!" These are the words 25-year-old Sven Blinde greets me with as I arrive at Krongut Bronstedt. As the sole brewer, he is not only responsible for each tasty beer we drink, but also plenty of other aspects of running a brewery.

"I have to work the bar and keep us stocked, so it's not always easy to concentrate as much as I would like to on the brewing," he says. That being said, he does an exceptional job, especially when you consider how he started. "It was a true trial-by-fire," he says. "I got thrown into the position on really short notice because the brewer got sick. I learned how to brew the first batch by talking it through with him over the phone!"

GASTRONOMIE

KRONGUT BORNSTEDT
Ribbeckstraße 6-7
14469 Potsdam

tägl. ab 11 Uhr
0331 550650
www.krongut-bornstedt.de

Rezepturen und krempelte die gesamte Organisation rund um die 10 hl Anlage um. Beim Hopfen setzt er Großteils auf den regionalen Elbe-Saale-Hopfen der Sorte Magnum und überlegt sich spezielle Malzmischungen für jedes Bier. Der Klassiker im Hause ist der „Bornstedter Büffel“, ein Helles mit deutlicher Hopfennote, von dem es auch eine dunkle, malzbetonte Variante gibt. Darin verwendet Sven fünf verschiedene Malzsorten, um ihm schöne Karamell- und Röstaromen zu geben. Ab und zu braut er verschiedene Spezialbiere, die allerdings zumindest bisher beim Stammpublikum „zumindest noch nicht so gefragt waren“. Wer möchte, kann sich die guten Tropfen auch in der Ein- und Zweiliterflasche mit nach Hause nehmen.

Redeveloping recipes

Slowly but surely, however, Sven has molded the brewery to fit him and his style, redeveloping the recipes and the organization of the 10 hl system. The house classic is the Bornstedter Büffel: There is a Hell-style beer with clear hop notes, and a Dunkle-style version, in which he uses five different malts to provide the caramel and roasted notes. Every now and then he'll also brew various specialty beers, but he admits it will take some time before they are truly accepted by the bar's regulars. Those who can't seem to quench their thirsts enough during opening hours can also take Sven's tasty delights home in one or two-liter growlers.

MEHR: WWW.KRONGUT-BORNSTEDT.DE

MEIEREI IM NEUEN GARTEN

Im Neuen Garten 10, 14469 Potsdam

0331 7043211

www.meierei-potsdam.de

Di-So 11-22 Uhr (Winter 12-22 Uhr)

U -

100 JAHRE INS BIER VERLIEBT

IN LOVE WITH BEER

„Ich liebe Bier seit über 100 Jahren", so begrüßt mich der 65jährige Jürgen Solkowski auf der Terrasse seiner „Meierei". Das merkt man dem studierten Lebensmitteltechnologen und Brauingenieur auch an. Denn die Lebensgeschichte des gebürtigen Berliners ist untrennbar mit dem Gerstensaft verbunden.

"I've been in love with beer for over 100 years," 65-year-old Jürgen Solkowski says to me upon our first meeting. All mathematics aside, the truth of his statement is written all over his face. A Berlin native, Jürgen's life has been inextricably tied to beer in a way that in incalculable.

Nach seinem Studium arbeitete er für die unterschiedlichsten Brauereien (z.B. Schultheiss, Kindl, Holsten), plante, baute und startete Großbrauereien in aller Welt. Doch Anfang der 1980er Jahre begann sich ein Traum in ihm festzusetzen: Die eigene, kleine Brauerei in Berlin. 1987 war es schließlich soweit, die Gasthausbrauerei „Luisenbräu" (heute Brauhaus Lemke am Schloss) öffnete ihre Pforten.

Having worked for a wide range of breweries (Schultheiss, Kindl, Holsten), Jürgen has planned, built, and started breweries all over the world. At some point in the 80s, however, the soles of Jürgen's traveling shoes had worn thin, and a new dream began to take hold: that he would one day have his very own, small brewery in Berlin. With the opening of the brewpub Luisenbräu (today Brauhaus Lemke am Schloss) in 1987, that dream came true.

„Ich habe damals für Berlin ein völlig neues Bier gebraut, ein klassisches Bayerisches Helle", erzählt Solkowski, „von den Bayern hielten die Berliner damals nicht viel, aber das Helle war von Anfang an auch ein richtiges Frauenbier." Nicht nur der Bierstil, sondern auch

"At that time I was brewing a beer that people in Berlin had never tried before: a classic Bavarian Hell," Solkowski says. "Back then Berlin didn't really think much of Bavaria, but that Hell beer was a huge hit." Though the style may have taken the Berliners by surprise, what was

die für eine Gasthausbrauerei typische Trübung war anfangs schwer vermittelbar: „Was heute schon als Qualitätsmerkmal gilt, war damals vorbelastet, vor allem auch bei den Mitbürgern, die nach der Wende aus dem Osten kamen. Dort war ein trübes Bier ein schlechtes Bier." Insgesamt funktionierte das Konzept aber gut, das Helle im 0,2-Liter-Krug wurde zum Klassiker und „ist gelaufen wie der Wahnsinn". Die Jahresproduktion lag schnell bei 2.600 Hektolitern pro Jahr, fast dem Dreifachen der heutigen Meierei.

Solkowski entwickelte sich weiter und beschloss, im Frühjahr 1994 das Lu-

perhaps more shocking for the population was that the beer was completely unfiltered. "Although today many see it as a sign of quality, in the 80s cloudiness was totally undesirable, especially for everyone who had come over from East Berlin once the Berlin Wall fell. For them cloudy beer meant bad beer." Despite all those beer-prejudices, Luisenbräu was a huge success. Solkowski sold the Hell beer in a 0.2 liter beer stein and, according to him, "they drank it like it was their last day on earth." His yearly production at the time was 2,600 hl, which is almost three times the amount that Meierei produces today.

isenbräu zu verkaufen, um mit Partnern im Dezember 1994 das Brauhaus in Spandau zu eröffnen, wo er bis 2006 Miteigentümer bleiben sollte. Schon kurz vor der Jahrtausendwende begannen er und seine Frau Hannelore mit den Planungen, nochmal einen Neuanfang zu wagen, diesmal ohne Partner und an einem anderen Standort. Damals war Potsdam gerade im Aufwind, und die Stiftung Preußische Schlösser und Gärten suchte einen Investor für den Neuaufbau der alten Meierei am Jungfernsee. Dort gab es schon seit dem Anfang des 19. Jahrhunderts eine anfangs hinter dem Rücken des Königs betriebene Gastronomie. Seit dem Ende des Zweiten Weltkrieges war das Anwesen allerdings zunehmend verfallen. „Wir sind mit dem Boot vorbeigefahren. Es sah aus wie ein Dornröschenschloss“, erinnert sich Jürgen Solkowski.

Erhebliche Investitionen

Die Planungen dauerten mehrere Jahre, 2001 schließlich stellte das Ehepaar den Bauantrag und startete im April 2002 mit den Bauarbeiten. Im Juni 2003 schließlich konnte die Meierei ihre Eröffnung feiern. Das alles ging allerdings nur mit erheblichen Investitionen: „Lagen die beim Luisenbräu noch im mittleren sechsstelligen Bereich, war es in Spandau schon das Zehnfache. Für die Meierei mussten wir dann nochmal

Captivated by beauty

As Solkowski's success grew, so did his interests, and he was soon itching for his next project. In the spring of 1994, he sold the Luisenbräu and then opened up a new brewhouse in Spandau. Though he was signed on as the co-owner of the brewhouse until 2006, by 2000, both he and his wife were already planning their next big project. This adventure would take them to Potsdam. At the time, Potsdam was experiencing a boom of sorts, and the Foundation for Prussian Palaces and Gardens was looking for an investor to take over and renovate the old dairy farm (Meierei in German) on Lake Jungfern. In the 1800s the location had been home to a clandestine restaurant run without the king's knowledge, and, though it had fallen into disrepair, Jürgen was captivated by its beauty. "My wife and I rode by it once on a boat. It looked just like a fairy tale castle."

Years of planning

"Luisenbräu cost us somewhere in the mid-six-figure range. The place we had in Spandau was actually ten times that. For the opening of the Meierei we had to double down on that figure once again." After years of planning and a rather hefty investment, the Meierei opened its doors in June of 2003. Though numbers of that

GASTRONOMIE

MEIEREI IM NEUEN GARTEN
Im Neuen Garten 10
14469 Potsdam

Di-So 11-22 Uhr (Winter 12-22)
0331 7043211
www.meierei-potsdam.de

doppelt so viel in die Hand nehmen." Zahlen, bei denen sicher nicht nur dem Autor schwindlig wird. Doch auch dieser dritte Betrieb war ein echter Erfolg. Nicht zuletzt wegen des Zusammenhalts der Familie. Hannelore kümmert sich um Gastronomie, Buchhaltung und Personal, Jürgen um die Brauerei und der jüngere Sohn studiert bereits Brauwesen an der VLB.

In Sachen Bier wollte Jürgen Solkowski bewusst seine Wurzeln aufgreifen: „Unsere erste Biersorte war das Helle nach dem alten Originalrezept aus dem Luisenbräu. Als zweites kam unser kräftigeres „Spezial" dazu, und alle

" UNSERE ERSTE BIERSORTE WAR DAS HELLE NACH DEM ALTEN ORIGINALREZEPT AUS DEM LUISENBRÄU.

vier Wochen brauen wir abwechselnd verschiedene Spezialbiere." 2011 erweiterte der Braumeister seine 10 hl Anlage um einen speziellen Tank für obergärige Biere und kann seitdem ein Weizenbier und eine eigene „Weiße" anbieten. Hier hatte ihn der Ehrgeiz gepackt, die ursprüngliche Berliner Weiße wiederherzustellen. Dazu richtete Solkowski eine

magnitude will make any normal person's stomach weak, the Solkowskis were confident, and it paid off. The Meierei was a huge success.

" FOR OUR FIRST BEER WE BROUGHT BACK THE HELL THAT I BREWED AT LUISENBRÄU SO MANY YEARS AGO.

When it came to beer, Jürgen decided it was time to get back to his roots. "For our first beer we brought back the Hell that I brewed at Luisenbräu so many years ago. The second beer was a Spezial (export), and now we brew a different specialty beer every four weeks." In 2011 Solkowski expanded his 10 hl facility to include an ale tank where he now brews a Weizen and his own Berliner Weisse. For the Berliner Weisse, he has taken up a new challenge, as he is determined to recreate it using an old, original Berlin recipe. In order to do so, however, he had to create his own yeast culture rich with lactic acid and brettanomyces.

eigene Hefebank ein, in der unter anderem seine Stämme an Milchsäurebakterien und Brettanomyces schlummern, bis sie in einem Fass Jungbier zum Leben erweckt werden.

Anreise per Wassertaxi

Das neueste Kind in der Meierei ist die Abfüllanlage, in der seit September 2014 Weizen und Weiße in 0,75 Liter Champagnerflaschen abgefüllt werden können. Die Weiße landet zusätzlich in kleinen Flaschen, damit sie am Tresen perfekt serviert werden kann. Ein Highlight für Besucher ist neben den Führungen und Verkostungen, die Jürgen Solkowski regelmäßig anbietet, sicher die Möglichkeit, direkt mit dem Wassertaxi anzureisen. Eine tolle Möglichkeit, das wunderschöne Wasserland zwischen Potsdam und Berlin zu erkunden.

Water taxi tour

As must be clear to all of us by now, Jürgen's ambition never tires, and his brewery never stops expanding! In September 2014 he installed a new bottling system, which fills both his Weizen and the Berliner Weisse into 0.75 liter champagne bottles. The Berliner Weisse is also available in smaller bottles, which makes for great for drinking out on the terrace. Should you ever make your way to Potsdam, be sure to visit Jürgen. Not only can you taste his delicious beers and get a tour of the brewery, it may also be the only brewery in greater Berlin that you can pull up to in a water taxi!

MEHR: WWW.MEIEREI-POTSDAM.DE

PRIVATBRAUEREI AM ROLLBERG

Am Sudhaus 3, 12053 Berlin

030 68084577

www.rollberger.de

Ausschank Do-Sa ab 17 Uhr

U Boddingstraße

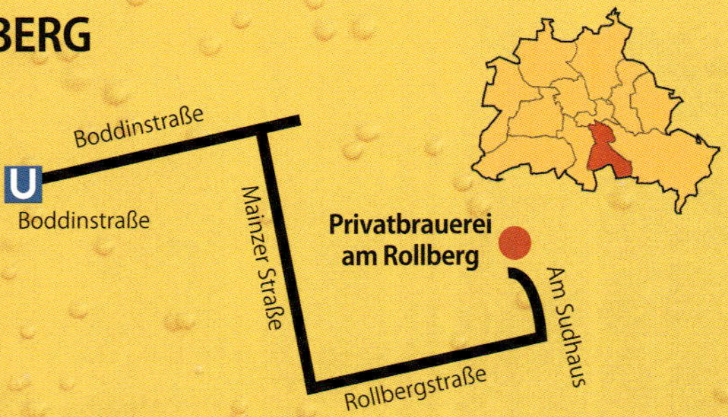

DER GEIST VOM BERLINER KINDL

Es gibt wohl kaum einen Berliner Brauer, der das Leben in seiner Brauerei so sehr verinnerlicht hat wie Wilko Bereit. Das ist auf jeden Fall die Erkenntnis nach einem Besuch bei ihm auf dem Rollberg. Schließlich war das imposante Gebäude, in dem sich heute sein Reich befindet, früher die Berliner Kindl-Brauerei. Die alten Sudkessel sind noch erhalten, und so sieht man schon von Ferne, dass hier der Geist einer jahrzehntealten Braukultur durch das Gemäuer zieht.

Zur Rollberg-Brauerei kommt man durch den Hintereingang und gelangt in das Stockwerk unter den alten Kesseln, wo früher die gigantischen Rohre und Heizanlagen der Brauerei ihre Heimat hatten. Dort steht jetzt ein kleines 15 hl Sudhaus, das sich angesichts des darüber liegenden Bodens der riesigen alten Sudpfanne wie eine Spielzeugbrauerei ausnimmt. Doch diese Anlage ist der ganze Stolz von Wilko und seinen Rollberg-Brauern, wie ich schnell erfahre. Zuerst aber geht es um die Geschichte, die vor allem auch die sehr persönliche Geschichte des Ur-Ber-

THE TRUE BERLINER

The irony isn't lost on Wilko Bereit that the very same brewery that wouldn't have him as their brewmaster, the Berliner Kindl Brauerei, is now where his very own brewery, the Rollberg Brauerei calls home. At least the shell of it is.

Wilko Bereit is what you might call a "true Berliner". He did an apprenticeship at the Bürgerbräu (after the Berliner Kindl brewery denied his application) and got his first start working as an official brewmaster in 2002 after completing his brewmaster studies at the TU/VLB. At that point he was turned down by Berliner Kindl Brewery once again, but then moved on to gain experience in Germany, Denmark, France and Switzerland.

liners ist. Der heute 42jährige hatte sich schon früh in den Kopf gesetzt, Brauer zu werden, und deshalb eine Lehre bei der Bürgerbräu begonnen. Davor hatte er sich erfolglos bei der Berliner Kindl-Brauerei beworben, was er auch als Geselle und später 2002 nach seinem Abschluss bei der TU/VLB wieder versuchte. Doch vergebens, die Brauerei wollte ihn nicht haben. Ihn, der heute unter ihren stillgelegten Kesseln braut.

Stattdessen landete Bereit als Geselle erst einmal in der Berliner Hausbrauerszene, bei Georgbräu, Lemke und Luisenbräu. Anschließend sammelte er Erfahrungen in Dänemark, Frankreich und der Schweiz. Schon bald faszinierte ihn die Idee, eine kleine Vertriebsbrauerei für Berlin zu schaffen. Und nachdem er im Nachtleben der Hauptstadt durchaus kein Unbekannter war, hatte er auch die volle Unterstützung vieler Gastronomen. 2004 stand das Konzept, 2009 konnte Wilko seine Brauanlage endlich

Time was ripe

Once Wilko had honed his skills, he decided that the time was ripe for him to start up a small brewery in Berlin. His concept was born in 2004 and by 2009 he had taken up residence in the ruins of his former rejection: The Berliner Kindl Brewery.

in den alten Kindl-Räumlichkeiten aufstellen. Die Biere der Brauerei auf dem Rollberg sollen ganz bewusst eine gehobene Klientel ansprechen. Ausschließlich Bio-Aromahopfen und Bio-Malze finden Verwendung, jedes Bier erhält eine lange Lager- und Reifezeit in den Kellern. Eine weitere besondere Zutat ist die Musik. Denn bei Wilko Bereit steht zwischen den Brau-Utensilien eine leistungsstarke Stereoanlage. Hier gibt es „Heavy Metal vom Feinsten", die der Brauer auch gerne vorführt. Leere Plätze sind mit Band-Plakaten gefüllt, dazwischen hängt ein Hertha-Fan-Schal – selbstverständlich für den gebürtigen Neuköllner.

Hochachtung verdient

Die beiden Standard-Biere der Rollberg-Brauerei sind ein mild gehopftes Helles und ein malziges Rotbier aus fünf verschiedenen Malzsorten. Von dem aktuellen Hype um das Thema Craft Bier hält Wilko nicht viel: „Den ganzen Schischi mach ich nicht mit!" Seine Spezialsude sind dann auch eher echte Klassiker wie Märzen, Bock und Weizen. Dazu fällt ihm auch eine schöne Geschichte ein: „Ich hatte mal eine Gruppe aus Bayern zu Besuch. Da war gerade mein Weizen am Hahn. Die haben gesagt: Schau hi, der Preuß braut a Weißbier!" Doch bei der Verkostung erntete der Berliner Brauer schnell die Hochachtung der Gäste: „Du bist a Guater, haben sie gesagt und mir

Sophisticated tastes

The target group for Wilko's Rollberg beers is clearly defined: It's for sophisticated consumers with sophisticated tastes. The challenge of consistently producing such high-quality beer for the truly discerning consumer is one that the Rollberg Brauerei is more than happy to meet. Rollberg's beers are brewed exclusively with organic aroma hops and organic malts, and each beer is allowed the very rare luxury of longer storage time (Lager) to allow it to develop to its full maturity.

PROPERTY OF
ATHLETIC DEPT
2 x 25 kg Weyermann®
Bio Sauermalz Naturland
8 x 25 kg Weyermann®
Bio Weizenmalz hell

„DIE LEUTE SOLLEN IN DIE KNEIPEN GEHEN UND SICH DORT MITEINANDER UNTERHALTEN, BIER IST EIN GESELLIGKEITSGETRÄNK UND GEHÖRT NICHT ALLEINE VOR DEN FERNSEHER.

auf die Schulter geklopft." Auch seinen Partner in der Brauerei, Nils Heins, hat er bereits überzeugt: „Der kann kaum noch ein anderes Bier trinken!" Die Arbeit haben sich die beiden gut aufgeteilt. Ab der Treppe zu den Braukesseln beginnt Wilkos Reich, oben im Büro und an den Computern hat Nils das Sagen. Der hat sich nach dem rasanten Aufstieg der Kleinbrauerei noch seine Mutter zu Hilfe geholt, die die Arbeit mit der Tabellenkalkulation und die Buchhaltung im Griff hat. Wilko und der heute 47jährige Getränkehandelsfachmann Nils hatten sich 2006 kennen gelernt und beschlossen, die Brauerei zusammen zu eröffnen.

SEIT 2011 BELIEFERN WIR SOGAR SCHLOSS BELLEVUE, DEN SITZ DES BUNDESPRÄSIDENTEN.

Rollberg-Bier gibt es ausschließlich aus dem Fass und nur in persönlich ausgesuchten Gastronomien. „Dazu gehören die schönsten Punk-Bars genauso wie verschiedene Sterne-Gastronomien", berichtet Wilko, „Seit 2011 beliefern wir sogar Schloss Bellevue, den Sitz des Bundespräsidenten." Der Chefkoch des Staatsoberhauptes hatte die Rollberg-Biere in der Gastronomie kennen gelernt und dann bei der Brauerei an-

The beers

Rollberg currently offers two standard beers: the mildly-hopped Helles lager beer and the Rotbier (red beer) which is made from 5 different malts. Rotating special brews accompany these two and include such classic German favorites as the Märzen, Bock, and Weizen, and even a special Bockbierbrand (beer liquor) that Wilko distilled at Martin Eschenbrenner's distillery (who is also featured in this book).

gerufen. Natürlich wussten die beiden Brauerei-Inhaber nicht sofort, WER der neue Kunde ist, aber spätestens nach der ausführlichen Leibesvisitation bei der ersten Lieferung von zwei 30-Liter-Fässern war ihnen klar, dass sie nun ganz oben angekommen waren. Dabei haben sie aber niemals die Bodenhaftung verloren, weder bei der Auswahl ihrer Kunden („Eine Kneipe mit Spielautomaten hat bei uns keine Chance"), noch beim Umgang mit den Mitarbeitern. Es ist ein richtig cooles Team, was hier zu Heavy Metal Bier braut, noch dazu, weil sie es sich zur Aufgabe gemacht haben, mit ihrem Bier die Menschen wieder zueinander zu bringen: „Die Leute sollen in die Kneipen gehen und sich dort miteinander unterhalten, Bier ist ein Geselligkeitsgetränk und gehört nicht alleine vor den Fernseher." Falls es mal ein paar Prozente mehr sein sollen, lohnt der Griff zum B3, dem Rollberger Bockbierbrand, den Wilko bei seinem Kollegen Martin Eschenbrenner brennen lässt. Oder Sie warten bis zur nächsten Winterbocksaison, wenn es den kräftigen „Rollator" in die Krüge gibt.

Top star restaurants

Rollberg's beers are exclusively served fresh and from the tap (no bottling)! They can only be found at carefully selected, specialty restaurants of their own choosing. The selected establishments can range from the hip, punk bars, to some of the top star restaurants in Berlin. Wilko proudly adds the interesting fact that "Since 2011, we even deliver our beer to Schloss Bellevue, that's the palace where the President of Germany resides"!

MEHR: WWW.ROLLBERGER.DE

SCHALANDER HAUSBRAUEREI

Bänschstraße 91, 10247 Berlin

030 89617073

www.schalander-berlin.de

Mo-Fr ab 16, Sa/So ab 12 Uhr

S/U Frankfurter Allee

BADEN IM HERZEN BERLIN IM GLAS

Er hat wohl den weitesten Heimweg der Berliner Brauerei, mal angesehen von Vagabund: Maximilian Lissek. Der 38jährige stammt aus dem tiefsten Baden und ist auch als Wahl-Berliner seiner Heimat immer noch treu verbunden. So hängt das Badener Wappen in seinem „Schalander", auf der Speisekarte stehen Flammkuchen & Co., und er genießt mit seinen Gästen alle Freiburg-Spiele live im Nebenzimmer.

Der Grund für die weite Reise liegt tief in der Vergangenheit. Denn schon bevor Max in seiner Heimat Freiburg Biologie studierte, begann er als 18jähriger Schüler einen Nebenjob am Zapfhahn der Gasthausbrauerei Feierling. Dort erkannte der Chef schnell, dass mehr in seinem Mitarbeiter steckt und holte ihn auch immer wieder mit an die Brauanlage. Mit 24 verließ Max die akademische Laufbahn und arbeitete Vollzeit in der Brauerei. Als seine damalige Freundin und heutige Frau schließlich zu ihrem Studium nach Bremen aufbrechen musste, verabschiedete

WHEN DREAMS COME TRUE

Maximilian Lissek may call Berlin as his second home, but he is loyal to his roots. His brewpub, Schlander, proudly displays Baden's coat of arms, serves Flammkuchen, and broadcasts all Freiburg football matches live. With such ostentatious displays of Baden-patriotism, one may wonder why he ever left. For the curious beer lover, here is his story.

Long before Max had any notion of leaving Freiburg he was starting his first after-school job pouring beer at the local brewpub, Feierling. He must have been good, because his boss quickly saw something special in Max and brought him back to show him the brewery. At 24, Max left academia behind and worked fulltime at the brewery until his girlfriend (now wife) and her studies took them to Bremen. At the ripe age of 27, Max began a brewering apprenticeship at Becks, and once he was finished there, fate brought him and his family to Berlin "for a short stint" so Max could get his Brewmaster title.

SCHALANDER HAUSBRAUEREI
Bänschstraße 91
10247 Berlin

Mo-Fr ab 16, Sa/So ab 12 Uhr
030 89617073
www.schalander-berlin.de
S/U Frankfurter Allee

sich Lissek mit 27 Jahren endgültig aus Freiburg und machte sich 2003 auf zur Brauerlehre bei Becks. Nach der Ausbildung gingen beide nach Berlin, was eigentlich nur eine Durchgangsstation für das Braumeisterstudium werden sollte. „Doch wie es vielen so geht, dann bin ich halt hier geblieben", bekennt Max heute.

Traum einer eigenen Brauerei

Die erste Berliner Station für Maximilian Lissek war Michael Schwab mit seiner Brewbaker-Brauerei. Denn Max hatte bereits während des Braumeister-Studiums dort gejobbt und blieb dann nach dem Abschluss für ein weiteres Jahr als Vollzeit-Braumeister dort. Am Ende des Vertrages 2009 stellte sich wieder einmal die Frage „Was tun?" Doch diesmal hatten Max und seine Frau eine Antwort, und das obwohl gerade sein zweiter Sohn geboren worden war. Der Traum einer eigenen Brauerei sollte verwirklicht werden. Selbst der Ort war schnell klar; denn die Frau von Max hatte im Vorbeiradeln eine geschlossene Pizzeria entdeckt, die schnell gemietet war. Doch dann fingen die Arbeiten erst an. Mit der Hilfe vieler Freunde und vielen Stunden Werkeln und Basteln war die „Hausbrauerei Schalander" entstanden. Noch 2009 konnte die Eröffnung gefeiert werden, und nachdem

What now?

"You know how it is, though," Max now says. "Somehow we just ended up saying." Once his studies were finished, Max got taken on by Michael Schwab and his Brewbaker Brauerei for a yearlong stint as brewmaster. After that Max was faced with that burning question again, "What now?" This time, however, he and his wife were ready with an answer. Although they had just had their second son, they were ready to turn their dream of starting their own brewery into a reality. The location was easy enough: His wife had recently cycled by a closed pizzeria, and the two jumped on it. With some help from friends and plenty of elbow grease Hausbrauerei Schlander came into being. They opened in 2009 and were a quick favorite amongst the neighborhood locals. Now, they have slowly developed into a Mecca for tourists and beerfans the world around.

anfangs eher das örtliche Stammpublikum den Laden getragen hatte, kommen mittlerweile auch viele Touristen und Bierfans aus aller Welt gezielt in die „ehemals ziemlich tote Ecke".

Mit seiner 150-Liter Brauanlage macht Max in der Regel zwei Sude direkt nacheinander und kann so drei Hektoliter in sieben Stunden brauen. Am abenteuerlichsten sind die Kelleranlagen, in die der Badener es tatsächlich geschafft hat, einen Gär- und Lagerkeller einzubauen, „man muss allerdings immer den Kopf einziehen". In Sachen Bier fährt der Braumeister eine klare Linie. Es gibt immer Helles, Dunkles und Weizen vom Fass, dazu eine Sondersorte, die regelmäßig wechselt. Bei den speziellen Bieren will Max „erstmal das

Who knows?

Though he only has a 150-liter system, Max makes the most of it, always brewing two batches in a row, one after another. This way he can ensure his guests are amply supplied with his helles, dunkles, and weizen, along with a rotating specialty beer. When discussing his beer, Max is quite clear in his philosophy, "I want to completely exhaust the possibilities of the Reinheitsgebot before I try anything else. Maybe I'll get bored with it at some point. Who knows?" he says with a grin. "That may make me seem conservative, but I also have absolutely no problem with anyone who wants to brew outside of the Reinheitsgebot."

Reinheitsgebot ausreizen". Mit einem Lächeln fügt er hinzu: „Vielleicht wird es mir irgendwann mal langweilig, mal sehen. Trotzdem gehöre ich eher der konservativen Fraktion an und bleibe beim Reinheitsgebot. Aber ich sehe es nicht als Verbrechen an, das nicht zu

„TROTZDEM GEHÖRE ICH EHER DER KONSERVATIVEN FRAKTION AN UND BLEIBE BEIM REINHEITSGEBOT.

tun." Der Vater dreier Kinder träumt momentan eher von anderen Dingen, zum Beispiel einer zweiten Braustätte. „Die soll aber auf jeden Fall auch wieder eine Gastronomie dabei haben. Da können wir dann vieles von Anfang an besser machen, was wir hier wegen des Geldes nicht gleich umsetzen konnten. Im Schalander haben wir ja quasi mit Null angefangen."

Second brewery

Currently, the father of three has other issues on his mind, like opening a second brewery, "But it's got to be a brewpub for

„AT THE NEW LOCATION, WE'LL BE ABLE TO DO A LOT MORE A LOT FASTER THAN WE DID HERE ...

sure," he says. "At the new location, we'll be able to do a lot more a lot faster than we did here, simply because we won't have the same cash flow problems we did back then. When we opened Schlander, we were really starting from nothing."

MEHR: WWW.SCHALANDER-BERLIN.DE

SCHLOSSPLATZBRAUEREI COEPENICK

Am Schlossplatz, 12555 Berlin

030 42096876

-

tägl. ab 12 Uhr

Spindlersfeld

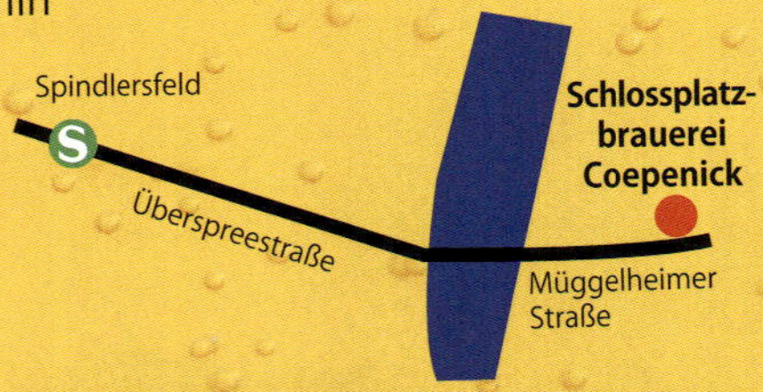

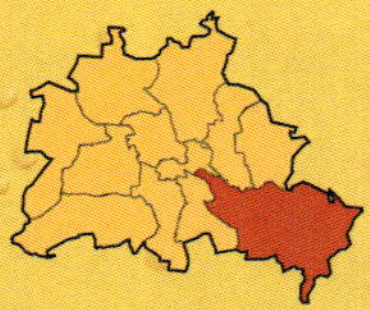

MUT DER STADT WIRD BELOHNT

Es ist ein Familienbetrieb, aber einer der ganz anderen Sorte. Denn die Geschichte der Brauerei von Familie Rubbert beginnt mit dem Plan der Stadtverwaltung von Köpenick, 2004 auf dem Schlossplatz ein kleines Häuschen zu errichten.

Wie es oft so ist, war der Bau schnell beschlossen, aber noch nicht klar, was denn eigentlich darin geschehen sollte. Die Diskussionen machten schnell bei den Bürgern die Runde und kam so auch in die Familie Rubbert. „Weißt Du, was hier fehlt?", sagte der studierte Anlagenbauer Joachim zu seiner Frau, „Eine Brauerei!" Mit Rohren und Pumpen kannte er sich zwar aus, aber das Bier hatte er bisher nur aus der Konsumentenrolle heraus kennen gelernt. Dennoch machten die beiden der Stadt den Vorschlag, im Gegenzug für einen langfristigen Mietvertrag Köpenick wieder zur Braustätte zu machen. Die Stadträte hatten Mut, und so erhielten die Rubberts noch Anfang 2004 die Genehmigung für ihr Projekt.

Gevatter Zufall tat sein Übriges und schickte einen Touristen aus Österreich

ROYAL FOOTSTEPS

The Schlossplatzbrauerei Köpenick is a family-run business, of truly historical proportions, despite the fact that it is only ten years old. Sure, the brewery only began in 2004 when the city commission of Köpenick awarded the Rubberts the right to open a brewery on the Köpenick Schlossplatz (palace square), but the beers inside are truly historical. But before we talk too much about the beers, let's take a little stroll through time, back to the Köpenick Beer War:

During the 30 Years War the ten families that had had brewing licenses were forced to temporarily surrender them. Once the war had ended, however, they found themselves staring an almost indefatigable opponent in the face, the Royal Brewery. Owned by the Kurfurst himself, the odds were stacked against any peasant trying to compete. The government had arranged, for example, that the most popular restaurant in the city, The Rudower Krug, be tied to the Royal Brewery. People were up in arms about it, but there was little they could do but make their voices heard. After much protestation,

auf den Schlossplatz, den Joachim beim Sinnieren über die Brauerei dort antraf. Der Gast war allerdings nicht irgendein Fremder, sondern ein passionierter und erfolgreicher Hobbybrauer, der sofort die Möglichkeit zu einer lehrreichen Hospitanz anbot. So kümmerte sich Joachims Frau Astrid um die Inneneinrichtung und die sonstigen gastronomischen Belange, während sich Joachim seine Braukünste entwickelte. Der Hersteller der kleinen 150-Liter-Brauanlage, die die Rubberts auch gerne als „Kleinste Brauerei Deutschlands" vermarkten, half bei den ersten Suden mit, und so konnte bereits im April 2004 die Eröffnung gefeiert werden. Die Biersorten waren klar differenziert, es gab ein Helles und ein Dunkles. „Es hat sofort funktioniert, wir haben da einfach eine Marktlücke geschlossen", sagt der heute 67jährige Joachim im Rückblick.

Sohn Max schon voll dabei

Bis hierhin wäre es noch eine recht normale Geschichte. Auch, dass Sohn Max mittlerweile statt Gewehr bei der Bundeswehr doch lieber die Spindel an der eigenen Brauanlage in Händen hält, ist verständlich. Dass der heute 23jährige seine ersten Brau-Erfahrungen bei Thorsten Schoppe gemacht hat, gehört ebenfalls zur Berliner Normalität. Aber dass die Rubberts sich schon nach kurzer Zeit sehr erfolgreich der Rekonstruktion

the owner of the restaurant was allowed to serve one other beer alongside the Royal Brewery's (a compromise, if you will). With each coming year, however, another hurdle was put into place until the other brewers could hardly compete, especially as the Royal Brewery didn't have to pay any taxes and could sell its beer for much cheaper as well. The local brewers remained persistent in their protests, and eventually broke down enough hurdles that status of the original compromise was reinstated. This meant that, once again, one other brewery could serve beer alongside the king. While it may not have been ideal for the brewers, it did have some wonderful effects on the quality of the beer, as the brewers were constantly forced to distinguish themselves from their many, many competitors.

historischer Biere widmeten, ist quasi eine Sensation. Angefangen hat es damit, dass Joachim sich für die Geschichte rund um den Köpenicker Bierkrieg interessierte. 1664 wollten die Köpenicker Bürger mit Braurecht (immerhin zehn Familien) ihre im 30jährigen Krieg situationsbedingt eingebüßten Rechte des Alleinvertriebes in die umliegenden Ortschaften wieder zurück haben. Doch mit der Kurfürstlichen Brauerei hatten sie den ärgsten Konkurrenten vor Ort. Der Amtsschreiber wollte die ertragreichste Schankstätte, den Rudower Krug, für die Kurfürstliche Brauerei als Monopolausschank behalten. Die Bürger und der Wirt beschwerten sich bei Friedrich Wilhelm, der Amtsschreiber wehrte sich.

Qualität setzte sich durch

Am Ende stand ein Kompromiss: Der Wirt sollte mindestens ein Jahr lang das kurfürstliche Bier abnehmen, durfte aber eine zweite Sorte der bürgerlichen Brauer dazu ausschenken. Auch in den nächsten Jahren gab es immer wieder Zank ums Bier, und die zehn Köpenicker Brauer verloren zusehends an Boden. Als dann der neue Kurfürst Friedrich III., der spätere erste preußische König, nach einem Brand 1690 ein neues Brauhaus errichtete, entbrannte der Streit erneut. Denn das Kurfürstliche Brauhaus musste keine Steuern und Abgaben ent-

Being the history buff that he was, this story fascinated Joachim.

Though he wanted to make historical beers from the Köpenick area, Joachim wanted his first historic beer to be something truly momentous, so he decided to reconstruct the very first beer ever recorded. So amateur historian Joachim set to work, going back through tablets from 1760 B.C. There he found an ancient Babylonian tablet on which it states, among other things, a list of ingredients for a beer and the rule that anyone known to water down or put bad ingredients in their beer would be put to death. Using the information he found there, Joachim developed his Babylonian Beer. Now both the beer and a copy of the tablet have become permanent fixtures of the brewery.

richten und konnte sein Bier weit günstiger produzieren und verkaufen als die Köpenicker Brauer. Es kam wieder zu einem regen Briefwechsel, am Ende setzte sich der Verwalter der Kurfürstlichen Brauerei durch – unter anderem mit dem Verweis auf den alten Kompromiss mit dem Rudower Wirt. Ein Gutes hatte der Streit auf jeden Fall: Die Brauer mussten sich durch die Qualität ihres Produktes durchsetzen, das Köpenicker Bier gewann hohes Ansehen, allem voran das kurfürstliche „Mollbier", das Joachim Rubbert faszinierte.

Fündig bei den Babyloniern

Das erste historische Bier der Rubberts sollte dann aber eine Rekonstruktion des ersten bekannten Bieres überhaupt sein. Dazu begab sich Joachim auf die Suche nach dem ältesten Reinheitsgebot und wurde bei den Babyloniern fündig. Auf einer Tontafel von 1760 v.C. wird bei Todesstrafe verboten, das Bier zu verwässern oder mit schlechten Rohstoffen zu brauen. Auf die Keilschrifttafel stieß der Hobbyhistoriker in den Archiven der 1911 gegründeten Orientalischen Gesellschaft, die über 6.000 Tontafeln im Vorderasiatischen Museum gelagert hat. Eine Kopie davon ist nun auch in der Köpenicker Brauerei zu sehen. Ausgehend von den gefundenen Regeln und Zutatenlisten entwickelte Joachim nun sein „Babylo-

The reveal

Though the brewer refuses to tell all of his secrets, he does reveal that the brew contains spelt, dates, figs, oranges, and pineapple. Considering the sweet and fruity notes

" IN BABYLONIAN TIMES MEN WERE ALLOWED TO DRINK 40 LITERS OF BEER A MONTH. WOMEN 30 AND CHILDREN 20.

one gets from the 6.4% beer, this truly comes as no big surprise, but despite its unconventional flavors, it's been a huge hit. "In Babylonian times men were allowed to drink 40 liters of beer a month. Women 30 and children 20. I'd be willing to wager that there are more than a few locals here that have exceeded that rule," Joachim laughs.

nisches Bier“, das seit 2009 immer wieder im Brauhaus zu haben ist. Alle Geheimnisse verrät der Erfinder natürlich nicht, aber er ließ mich wissen, dass unter anderem Emmermalz, Feigen, Datteln, Orangen und Ananas Verwendung in dem süffigen Gebräu stecken. Die 6,4% Alkohol verstecken sich hinter

„ZU BABYLONISCHEN ZEITEN DURFTEN MÄNNER 40 LITER BIER PRO MONAT TRINKEN, FRAUEN 30 LITER UND KINDER 20 LITER.

einer deutlichen Süße und den Fruchtaromen, die sich natürlich auch im Geschmack bemerkbar machen. „Zu babylonischen Zeiten durften Männer 40 Liter Bier pro Monat trinken, Frauen 30 Liter und Kinder 20 Liter“, schmunzelt Joachim, „das haben einige Köpenicker schon deutlich übertroffen.“

Der Erfolg mit dem wohl ältesten Bier der Welt spornte den Brauer an, nun auch dem alten Bier der Stadt Köpenick wieder Leben einzuhauchen. Er erhielt Zugang zum Geheimen Preußischen Staatsarchiv und überredete einen Lithographen, ihn zu begleiten. Denn

Secret Prussian Archives

After his success with "the oldest beer in the world" Joachim was encouraged to pursue other recipes for other historical beers. This time he would focus on the city of Köpenick. He gained access to the Secret Prussian Archives and convinced an expert to help him, as no one else would be able to read the handwriting on many of the old documents. Through various trade documents and contracts, Joachim was able to gain enough information to move out of the archive and into the brewhouse. With the help of the Weyermann Malthouse in Bamberg, he recreated a recipe dubbed the Cöpenicker Moll: A beer made of caramel and smoked malts and boasting an unmistakable flavor.

GASTRONOMIE

SCHLOSSPLATZBRAUEREI COEPENICK

Am Schlossplatz, 12555 Berlin

tägl. ab 12 Uhr

030 42096876

-

Spindlersfeld

BABYLO NISCHES
MOLL
ALE
DUNKEL
HELL

nur ein Kenner der alten Handschriften würde in den Urkunden der alten Kurfürsten lesen können. Nach langer Suche fanden sich einerseits Rohstoffkontrakte und andererseits im Brandenburger Staatsarchiv der Kaufvertrag für die Köpenicker Brauerei, aus dem sich die Größenverhältnisse ablesen ließen. Dadurch konnte Joachim unter Mithilfe der Bamberger Mälzerei Weyermann das ursprüngliche Rezept der „Cöpenicker Moll" rekonstruieren. Die Grundlage sind verschiedene Rauch- und Karamellmalze, die dem Bier auch heute wieder seinen unverwechselbaren Charakter geben. Seit 2011 können die Gäste dieses Bier-Juwel wieder unweit der originalen Braustätte in Köpenick genießen.

Auf der Suche nach der neuen Rarität

Es ist klar, dass ein Pfiffikus wie Joachim sich anschließend nicht zur Ruhe setzte, sondern sich sofort wieder auf die Suche nach einer neuen verschollenen Bier-Rarität machte. Diesmal sollte es das Bier des ersten Deutschen Reinheitsgebotes sein, erlassen 1237 in Weißensee (Thüringen). Auch hier arbeitete Joachim wieder mit Spezialisten zusammen, diesmal mit einem Professorenkreis der Universitäten von Berlin und Potsdam. „Die haben sich gefreut, hatten sie doch endlich mal wieder einen Grund, sich regelmäßig

Professional help

Of course, for a tinkerer such as Joachim the journey will never be complete. Once the Cöpenicker Moll was in production, he set right back to work on the next beer in the archive. This time, the goal was to make the first beer to the German Reinheitsgebot (purity law), which he found from 1237 in Weißensee, Thuringen. Again, Joachim pulled experts to his side. This time he found professors from Berlin and Potsdam to help him. "They were excited to help," Joachim says. "They finally had a regular excuse to meet for a beer." Needless to say, their regular beer meetings were eventually fruitful (or beerful), and the result has been on tap at the Köpenicker Brauhaus since September 2014.

auf gute Biere zu treffen", erinnert sich der Brauer. Am Ende konnten sie auch hier wieder ein ursprüngliches Rezept rekonstruieren, für das allerlei natürliche Rohstoffe, bis aus der Nordseeregion besorgt werden mussten. Das Ergebnis kann sich wieder gut trinken lassen und ist seit September 2014 im Köpenicker Brauhaus am Hahn.

Max gibt Gas

Sie sehen also, was Leidenschaft und Liebe für das Bier so alles bewirken, selbst in einem Ort wie Köpenick, der nach dem gebürtigen Müggelheimer Joachim „weder reich, noch reich an Ideen" ist. Sohn Max steht seit 2013 mit in der Verantwortung und will nach dem Ende seiner Ausbildung 2015 dann den Betrieb komplett übernehmen. Wir wünschen auf jeden Fall viel Glück und Erfolg!

Love and passion

At the Köpenicker Brauhaus it is clear that love and passion have gone into every beer they make, and the results are something truly remarkable. As son Max will finish is apprenticeship in 2015, the brewery is preparing for the next generation to take the reins. We can't wait to see what comes next!

SPENT BREWERS COLLECTIVE

Voigtstr. 36, 10247 Berlin

-

www.spentcollective.de

-

-

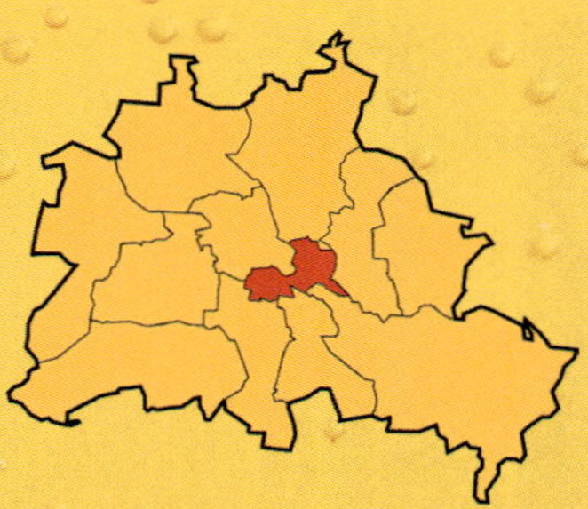

DIE SOZIALEN BIERBRAUER

SOCIAL BEER

Er ist der Sozialpädagoge (acht Jahre Studium Soziologie und Sozialphilosophie im Studiengang Sozialwesen) unter den Berliner Brauern. Allerdings: Eines fehlt noch zum Glück – die Brauerei. Deswegen sind Sören Hars und seine beiden Partner immer wieder bei anderen Brauereien zu finden, beispielsweise im Südstern bei Thorsten Schoppe und Daryl Kunze.

Entstanden ist die Idee Anfang 2013 in den Kellern von Sörens WG. Dort braute der heute 32jährige mit seinem vier Jahre jüngeren finnischen Freund Pessi Virta an einer 50 Liter Anlage heimlich Biere für ebenso heimliche Underground-Partys in der Berliner Szene. Dort fanden die kreativen Ergebnisse schnell reißenden Absatz: „Wir haben immer neue Bierstile entwickelt, haben alles verbraut, was die Natur hergibt, einfach alle Grenzen überschritten." Ganz so viel Bier hat es allerdings nicht in den Verkauf geschafft, denn die Brauer „haben immer wieder gezwickelt, bis das Ergebnis gepasst hat."

Heute sind Sören und Pessi gemeinsam mit ihrem dritten Partner Matthias

Sören Hars is probably the only social worker brewing in the Berlin beer scene, but then again, perhaps a social worker was exactly what the Spent Collective Brewery needed to become what they are. The Spent Collective brewery is a cooperative collectively run by three equal partners, Sören Hars, Pessi Virta and Matthias Peisker. The three friends make all decisions together and have divided up the rest based on their individual interests and/or talents.

Pessi is the brewer and distiller while Sören and Matthias focus more on running the business side of things, in addition to Sören continuing with his social work. Being a young brewery made up of relatively young guys (Sören is only 32), Spent Collective has made the decision to "gypsy brew" (aka guest brew) for the time being. They've stayed true to their Berlin roots and brew at other craft beer breweries in Berlin, such as at Südstern with Thorsten Schoppe and Daryl Kunze (both of whom are covered in this book).

„Matze" Peisker die Inhaber der Firma „Spent Collective". Während Pessi als Brauer und Destiller aktuell noch mit seinem Master-Studium zum Getränketechnologen beschäftigt ist, arbeitet Sören als Sozialpädagoge mit Kindern. Matze, ein alter Freund von Sören, hingegen kümmert sich bereits hauptberuflich um das kleine Unternehmen und managet Biersteuer, Buchhaltung, Marketing und Vertrieb. Ihre Bier bezeichnen die drei als „Hybrid-Biere", also eine Verbindung verschiedener klassischer Bierstile zu einem neuen.

Szene begeistert

Dazu gehört zum Beispiel ihr erstes Bier namens Red Oat Ale, eine Mischung aus British Bitter, Red Ale und American IPA. Dieses Haferbier hat sich schnell zum Flaggschiff der Microbrauerei gemausert und innerhalb kürzester Zeit eine große Fangemeinde erobert. Und auch der nächste Wurf, ein Maple Walnut Stout, das die drei gemeinsam mit den Jungs von der Bierfabrik entwickelten, begeisterte die Szene. Die nächsten Biere werden sicher auch wieder kreativ, wenngleich Sören gesteht: „Wir schließen für die Zukunft nicht aus, das wir auch mal ein Bier nach dem Reinheitsgebot brauen." Natürlich haben „Spent Collective" das Ziel, in den nächsten Jahren eine eigene Brauanlage zu be-

Hybrid beers

Moving on to the truly important details now (ahem…THE BEER) Spent Collective brews what they call "Hybrid Beers." Spent Collective's very first beer, the Red Oat Ale is a special mix of a British Bitter, Red Ale, and American IPA, and has established itself as the brewery's flagship beer. In addition to their rotating seasonal beers, Bloom's Beer, an experimental, modern lager that contains organically-grown amaranth in the grain bill, and has a traditional barley malt base is also a popular favorite. At the time of this publishing, Spent Collective's most recent release was a new Maple Walnut Stout. It was brewed as a collaboration beer with their buddies at the Bierfabrik and is a deep, black, nutty stout, that features just a touch of sweetness at the end to round things out. The beer has delicate notes of walnut and maple which are then joined by fine coffee and chocolate characters.

sitzen, aber im Vordergrund steht der Ausbau der Vertriebskanäle.

Gewinnzone fest im Blick

Ganz wichtig ist für Sören die Organisation des kleinen Unternehmens: „Wir verstehen uns als Kollektiv oder Genossenschaft. Entscheidungen treffen wir immer gemeinsam, Kredite holen wir uns von Privatleuten für 1-2% Zinsen, aber ohne Unternehmensanteile herzugeben. Wir arbeiten auch möglichst nur mit anderen Genossenschaften zusammen." Mit einem Schmunzeln fügt er hinzu: „Wir fangen langsam an, schwarze Zahlen zu schreiben, und wir wollen irgendwann von der Brauerei leben, aber aktuell trinken wir zu viel selbst." Spätere Unternehmensgewinne sollen in soziale und politische Projekte fließen, wie Sören abschließend formuliert: „Wir haben nicht das Ziel, Millionäre zu werden."

Live from the brewery

What does the future hold for the young collective and its drinkers? "We'd love to live from the brewery, but right now we drink too much of it ourselves," Sören jokes, but he is quite serious when he says, "We've got no goals of becoming millionaires. In fact, the goal would be that the profits are reinvested in social and political projects." Well, we can promise one thing: If the Collective keeps the beer flowing, we'll keep "investing!"

MEHR: WWW.SPENTCOLLECTIVE.DE

SCHOPPEBRÄU

Hasenheide 69, 10967 Berlin

030 32528551

www.schoppebraeu.de

(Gastro siehe S. 165)

U Südstern

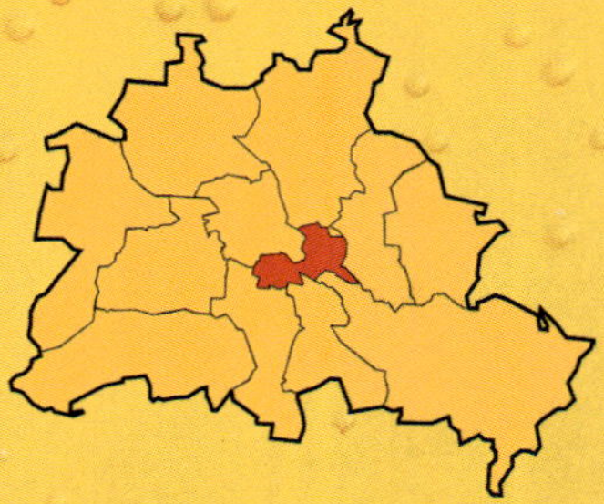

DER BERLINER BIERPATE

Er ist der „Pate" der jungen Berliner Brauszene, auch wenn er es selbst nicht gerne hören will. Fragt man die anderen, sagt jeder dasselbe: „Ohne Thorsten wäre ich nie so weit gekommen." Doch wie kommt es, dass ein Braunschweiger für so viele Berliner Brauer der Motivator und Initiator werden konnte? Vielleicht liegt es an der Leidenschaft, mit der der heute 43jährige seinem Beruf als Brauerei-Ingenieur nachgeht.

Ursprünglich wollte Thorsten Schoppe Lehrer werden. Doch schnell plagten ihn Gedanken wie: „Vielleicht machst Du doch lieber was anderes?" oder „Mach doch Braumeister, das ist ein anständiger Beruf." Sicher wäre ein guter Lehrer aus dem jungen Niedersachsen geworden. Das sieht man ja an den Statements seiner heutigen Schüler. Für Berlin jedenfalls ist es ein Glück, dass Schoppe sich entschied, an der Berliner TU/VLB Diplom Braumeister zu werden: „Mir war allerdings klar, dass ich nicht zu einer großen Brauerei wollte. Dort sitzt man vor acht Monitoren und langweilt sich, bis es dann mal piepst oder blinkt, damit man auf einen roten

GODFATHER OF BEER

"Without Thorsten I would never have been able to make it this far in my brewing career," is a simple sentence spoken by many a young Berlin brewer and is a testament to who he is. Despite any protests Thorsten Schoppe may make otherwise, his nickname of "The Godfather" is there for good.

So what exactly makes Thorsten such an inspiration to so many young brewers? One thing could be the infectious enthusiasm, which accompanies him in just about everything he does. "Even while I was getting my brewmaster's degree, I knew that in order for me to keep up my enthusiasm for brewing, I would never be able to work for a big brewery. There, all you do all day long is sit in front of the same 8 monitors waiting for that big moment when you get to lean forward and push a red button. Then, 8 hours later, your beer is finished. Nope that's not really my kind of brewing," Thorsten explains.

„ICH HABE BEI MEINEN ELTERN IN DER WASCHKÜCHE MEIN ERSTES BIER GEBRAUT, DABEI KAM MIR DANN DER TRAUM, DASS ES IRGENDWANN EIN BIER GEBEN SOLLTE, DAS MEINEN NAMEN TRÄGT.

Knopf drücken kann. Acht Stunden später ist dann das Bier da", erzählt er von den Anfangstagen seines Studiums, „Ich habe bei meinen Eltern in der Waschküche mein erstes Bier gebraut, dabei kam mir dann der Traum, dass es irgendwann ein Bier geben sollte, das meinen Namen trägt."

Erster Schritt Kräuterbier

Die ersten Schritte dorthin unternahm er bereits 1995, als er mit drei Braumeistern an allerlei Kräuterbierrezepten in einem 100 l Kessel experimentierte. Das Hanfbier beispielsweise brachte die „Beer Company" damals bis zur Marktreife, allerdings hatte das Firmenkonzept keine Zukunft. Durch Zufall erfuhr Thorsten nach seinem Braumeister-Abschluss 2001, dass das Brauhaus Südstern jemanden suchte, der sich die Arbeit an den Braukesseln zutraute. Schnell fanden beide zusammen, und Schoppe führte die Brauerei als selbständiger Unternehmer im Brauhaus. „Schoppebräu" war geboren. 2013 kam mit der Pfefferbräu ein zweiter Unternehmensstandort nach demselben Modell hinzu. So zeichnet der Braumeister nicht nur für die Klassiker im Südstern (Helles, Dunkles, Weizen) und im Pfefferbräu (Helles, Dunkles), sondern auch für die Craft-Biere der Schoppebräu verantwortlich. Hinter Namen wie „Black Flag Stout", „Holy Shit Ale", „Roggen

He continues by telling us about the moment he first dreamed of starting his own brewery. "It was while I was brewing my very first beer. I was at my parent's house, in their laundry room, and suddenly I had a vision of me someday maybe creating a beer that would have my name on the label."

Experimenting with herbs

His first steps in this direction were taken along with three of his brewmaster buddies back in 1995. The four of them decided to start experimenting with different recipes for beer using different herbs. They even achieved moderate success with their 'Hanfbier' (hemp beer), which the "Beer Company" brought to the German market.

PFEFFERBRÄU
BERLIN
SCHOPPE BRÄU
BERLIN

GASTRONOMIE

PFEFFERBRÄU
Schönhauser Allee 176
10119 Berlin

Di-So ab 17.30 Uhr
030 4737736240
www.pfefferbraeu.de
U Senefelderplatz

GASTRONOMIE

BRAUHAUS SÜDSTERN
Hasenheide 69
10967 Berlin

Mo-Fr ab 14, So ab 12 Uhr
(**Winter** Mo-Fr ab 17 Uhr,
Sa ab 14, So ab 12 Uhr)
030 42096876
www.brauhaus-suedstern.de
U Südstern

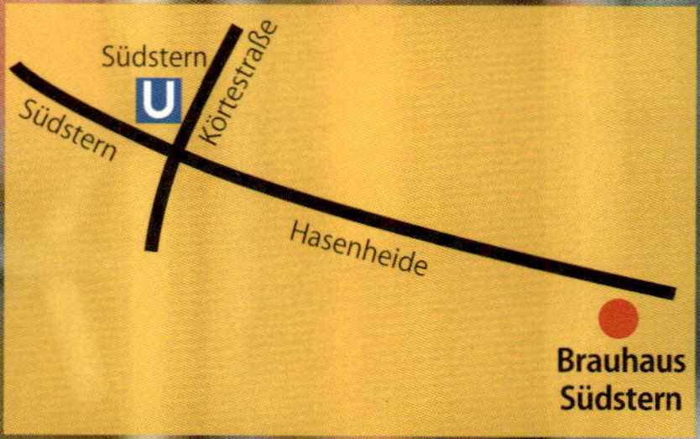

Roll Ale" oder „XPA X-Berg Pale Ale" verbergen sich hocharomatische Interpretationen klassischer englischer Bierstile, mit denen Schoppe auch schon hochrangige Preise abräumen konnte.

Wie schon erwähnt, haben viele der Nachwuchsbrauer Berlins an Schoppes Sudkesseln im Südstern ihre ersten Experimente gemacht, teilweise werden die Biere auch heute noch dort gebraut. Zu den anderen Brauereien hat Schoppe ein sehr entspanntes Verhältnis, selbst bei der Berliner-Kindl-Schultheiss-Brauerei schaut er des Öfteren vorbei: „Das sind auch anständige Jungs, die dort arbeiten." Die persönlichen Vorlieben des mittlerweile auch international bekannten Brauers liegen eindeutig bei den hopfenbetonten Bieren: „Je brutaler gehopft, desto besser für mich!" Deswegen träumt er auch vom nächsten Schritt der „Schoppebräu" – einer eigenen Produktionsbrauerei, in der er sich dann auf seine Eigenkreationen konzentrieren kann.

Flying Turtle im Anflug

Einen Absatz möchten wir noch einem neuen Brauereiprojekt von Thorsten Schoppe widmen: Flying Turtle. Dieses Bier entsteht gemeinsam mit dem Amerikaner Dan Stein, der mit einer Internet-Firma in seiner Heimat Detroit startete und sich nach acht Jahren Management in der Schweiz nun für

Second location

Real success, however, first reached Schoppe in 2001, when his very own brand "Schoppebräu" was born using the equipment at Brauhaus Südstern. This successful model of collaboration was repeated in 2013 with Pfefferbräu, giving him a second location for him to experiment and brew. In addition to the classics, Schoppe's portfolio also features some rather exciting craft beer novelties bearing inventive names like "Black Flag Stout," "Holy Shit Ale," "Roggen Roll Ale" and "XPA X-Berg Pale Ale."

Thorsten's affinity for collaboration has carried on into the present as well. His support of young brewers who want to try out their creativity and first batches in one of the Südstern's brew kettles are the new generation that Thorsten is helping along. When asked about whether or not this spirit of inclusion could also be extended to larger breweries in Berlin (e.g. the Berliner-Kindl-Schultheiss-Brauerei) Schoppe replies, "Of course it can! You know, they've got their share of respectable guys, too."

die Berliner Bierszene entschieden hat. Gemeinsam mit Thorsten soll in etwa zwei Jahren eine eigene kleine Brauerei in Berlin entstehen, die vor allem Braukurse für Homebrewer anbieten wird. Aktuell ist Dan aber noch mit seinem Craft Beer Bike unterwegs und bringt die Flying Turtle Bierkreationen mit Elektromotor, 30l-Fass und mobiler Zapfanlage unter die Leute. Im Glas gibt es momentan ein Pils und ein Pale Ale.

Own production plant

Thorsten Schoppe's dreams for the future include one day owning his very own production plant so that his brewery would be able to produce even more hop-heavy beer. We'll cheers to that, Thorsten, and we wish you best of luck!

DARYL KUNZE SÜDSTERN

„Wir sind das Mutterschiff der Berliner Brauerszene", so begrüßt mich der 27jährige Daryl Kunze im Brauhaus Südstern. Ein typischer Berliner mit einem typisch Berliner Selbstbewusstsein. „Ich bin der Head Brewer im Brauhaus Südstern. Thorsten (Schoppe) ist stolz auf mich." Wenn man sich ein wenig länger mit ihm unterhält, wird schnell klar, dass hinter der toughen Fassade eine bewundernswerte Lebensgeschichte steckt.

Aufgewachsen in einem „typischen Berliner Ghetto" war dem jungen Daryl die Schule egal. Er kümmerte sich um nicht viel, später vor allem um das weibliche Geschlecht, wurde mit

DARYL KUNZE SÜDSTERN

"We are the Mothership of the Berlin brewing scene!" exclaims Daryl Kunze as he greets us at Brauhaus Südstern. At only 27 years old, Daryl Kunze's self-confidence would seem akin to that of many a confident Berliners. However, upon speaking with him a bit longer, one quickly discovers that behind the tough façade lies a man with an amazing story of having survived Berlin's school of hard knocks and risen above it.

His inspiring life story starts with his childhood in one of Berlin's rougher neighborhoods. One might be so bold as to call it a "Berlin Ghetto." By the time he turned 17, Daryl Kunze had become a father. As the story so often goes, the mother left him, taking

17 Vater. Schnell folgte die Trennung, Freundin und Tochter waren weg.

Versuch Dein Glück!

Dann kam die Wendung. Knapp zwei Jahre später tauchte seine Ex-Freundin wieder auf und drückte ihm das Kind in die Arme: „Versuch Dein Glück!" und sie ward nie wieder gesehen. „Für mich war meine Tochter der Arschtritt, den ich gebraucht habe", blickt Daryl heute auf die Geschichte zurück. Seine Familie kümmerte sich, er machte schnellstmöglich seinen Schulabschluss und wurde 2009 der erste Auszubildende von Thorsten Schoppe. „Er hat über zehn Leute ausprobiert, alle mit einem

their daughter with her. Much to his surprise, however, she showed up at his door again two years later, shoved their daughter into his arms, and said, "Now it's your turn to parent, good luck!" He never saw her again.

Daryl describes this as the big turning point in his life. It was the moment he decided that he wanted to become something his daughter could truly look up to: "For me the experience of suddenly having sole responsibility of my daughter was exactly the kick in the butt I needed to turn my life around." Daryl's family helped out with the babysitting while Daryl went back to school to get his diploma, and in 2009 he received the first apprenticeship ever offered by Thorsten Schoppe.

besseren Abschluss als ich, aber er hat gesehen, dass ich es ernst meine und Verantwortung übernehmen will und kann." Zwei Jahre später übernahm ihn sein Chef, und übertrug ihm nach der Eröffnung der Pfefferbräu die Leitung der Brauerei im Brauhaus Südstern. „Heute weiß ich, wir haben im Leben alle eine Chance. Ich hab mich echt hingesetzt und gelernt. Die Lehrjahre waren keine Herrenjahre, aber ich bin in meinem Traumjob angekommen."

Heute lebt Daryl mit seiner neuen Freundin und der zehnjährigen Tochter Luna-Saphira in einer eigenen Wohnung und managet die Brauerei im Südstern. Dazu gehören neben den Mitarbeitern auch die Gastbrauer wie Spent Collective und die Braukurse, zu denen sich immer viele Bierfreunde anmelden. Neben seinen Standard-Bieren wie Hellem, Dunklem und Weizen gehören auch einige „Schoppebräu"-Klassiker zu seinem Repertoire.

"Ten other people applied for the apprenticeship, and all of them had better grades than I had, but Thorsten saw through all of that and chose me because he knew that I was more serious than the rest. He saw that I could and would take on high levels of responsibility and not fail." Two years later Thorsten's gamble paid off, and he made Daryl Kunze the head of his brewery at Südstern.

If the present is any indicator of the future, then Daryl's future looks bright. He has built a wonderful new family for himself together with his (now) 10-year-old daughter and his current partner. On top of managing Südstern, its employees, and its various guest/gypsy brewer projects (Spent Collective's "Bloom's Beer" is a famous example), Daryl also takes care of arranging Südstern's increasingly popular brewing courses. In addition to brewing German classics like Helles, Dunkel lager or Weizen, Daryl can be found making some of the Schoppebräu new-classics as well, proving that he truly is a force to be reckoned with here in Berlin!

MEHR: WWW.SCHOPPEBRAEU.DE

VAGABUND BRAUEREI

Antwerpenerstraße 3, 13353 Berlin

030 32528551

www.vagabundbrauerei.com

Di-So ab 19 Uhr

U Seestraße

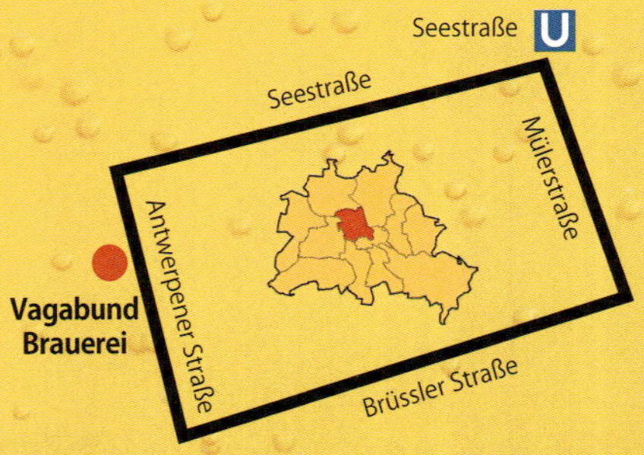

BIERVAGABUNDEN EROBERN BERLIN

Von Lehrerpult und Gitarrenriff an den Braukessel – so könnte man die Geschichte der Vagabund-Brauerei in einem Satz zusammenfassen. Doch wir sind ja hier, um die Langversion zu schreiben... Als der heute 35jährige David Spengler aus Buffalo, dessen Großvater Deutscher war, nach seinem Studienabschluss in Europäischer Geschichte Arbeit suchte, verschlug es ihn erst einmal für zwei Jahre als Englischlehrer in die Ukraine. Wie das Leben so spielt, lernte er dort seine heutige Partnerin kennen, die ein Stipendium in Berlin bekam. Also zogen sie in die Bundeshauptstadt, und er verdingte sich wiederum als Englischlehrer.

Er lernte seinen Kollegen Matt Walthall, heute 33 Jahre, kennen. Beide waren Hobby-Musiker und beschlossen, eine Band zu gründen. Matts Freund Tom Crozier (30) kam schließlich 2007 aus den Vereinigten Staaten dazu, und fertig war das Trio „Push the Apples“. Doch die Bandproben wurden durch eine Sache getrübt: Das Bier.

BERLIN CONQUEST

"From blackboard to brew kettle." If you wanted to consolidate the CV of the Vagabund brewers into one sentence, then this would be it. If you were interested in hearing the long version, however, you'd have go back to the middle of the 2000s, when teacher David Spengler first moved to Berlin. He and his colleague, Matt Walthall, shared a mutual passion for music and soon became fast friends. Together with Matt's friend, Tom Crozier, the three then formed a band, Push the Apples. Luckily for us, often when the trio got together for regular band practice, they'd soon get distracted by their other common interest: beer.

"All three of us lived through the Craft Beer Revolution in the USA, where our European beer-forefathers were seen with great respect. When we got to Germany, we thought we were coming home to the mother country of brewing," they remember, "but the reality was much different. We couldn't find anything even closely comparable to the stuff we were by now, totally used to getting at almost everywhere in the US."

THIS GUY
NEEDS A BEER

„Wir hatten alle die Craft Beer Revolution in den USA erlebt und dachten, dass wir hier im Mutterland des Bieres im Paradies gelandet sein müssten", erinnert sich der Vater eines dreijährigen Jungen, „aber wir konnten keine vergleichbaren Biere bekommen. Ein Freund von Matt und Tom ist Braumeister in den USA, das war natürlich eine hohe Messlatte." Und so reifte ein gemeinsamer Entschluss: „Lasst uns das Bier eben selbst brauen, das wir hier nicht bekommen können." Es folgten unzählige Versuche an improvisierten Brauanlagen: „Unsere Anfänge waren echt übel. Wir haben jeden Fehler gemacht, den man sich vorstellen kann. Aber wir haben gelernt!"

Vom Biertrinker zum Bierbrauer

2011 gründeten die drei schließlich ihre GmbH und nutzten die folgenden zwei Jahre, um die Räumlichkeiten erst zu finden und dann zu renovieren. Anfang 2013 öffnete die Vagabund Brauerei erst als reines Tap House (ohne eigenes Bier), passend zur persönlichen Geschichte: „Wir waren zuerst Biertrinker, bevor wir zu Bierbrauern wurden…" Doch im März erblickte der erste eigene Sud aus der 10 hl Brauerei das Licht der Welt, ein klassisches Pale Ale. Der Laden und sein Bier waren von Beginn an ein Erfolg, vor allem auch bei den Einheimi-

Just start brewing it

Perhaps that was the main reason they ended up doing what they did: "We said, 'We can't buy the stuff here, so let's just start brewing it.'" It wasn't exactly what you would call easygoing work when you hear them tell stories about their brewery's humble beginnings. "Yup, we've made every mistake in the book, but we also made sure that we all learned something from them!" Among these mistakes made was the brewing of an array of unpalatable beers by their team, before any real progress on that front could be made- but they succeeded in the end by remaining positive and persistent throughout the learning process.

Go for it

In 2011, the three of them decided to really 'go for it' and so they formed a legal entity. Over the next two years their main task was to find themselves an affordable 'fixer upper' that they would be able to turn into a proper location for their brewery. In 2013, the Vagabund Brewery came into being. Strangely, the beer they ended up serving on their opening night was not even that of their own. "We were beer drinkers before we were brewers. I guess the same was true for our brewery." It wasn't until March of that same year that their first 10 hl batch would reach their consumers. It was a Pale Ale, and it was a hit. "Even the Germans were

Geschmack des Bieres
nicht zu verbergen
kein Malzextrakt,
unser Bier zu färben
es zu würzen.
Bier ist nicht gefiltert,
pasteurisiert
oder homogenisiert.
Bier nicht
Cola,
Limonade
oder Fruchtsaft.
CRAFT BEER ON TAP
BRAUEREI
BIER
Alk.
PREIS
MAHRS BRÄU
ETA HOFFMANN
BrauKunstKeller
LAGUNA
HOPFENSTOPFER
VAGABUND

GASTRONOMIE

VAGABUND BRAUEREI
Antwerpenstraße 3
13353 Berlin

Di-So ab 19 Uhr
-
www.vagabundbrauerei.com
Seestraße

schen. „Wie haben nicht erwartet, dass gerade die Deutschen kommen", so David, „wir haben eigentlich gedacht, dass die nicht gerade erfreut sind, wenn drei Amerikaner in Deutschland Bier brauen. Aber viele waren neugierig, andere kannten sich bereits richtig gut in der Welt der Biere aus."

„... WIR HABEN EIGENTLICH GEDACHT, DASS DIE NICHT GERADE ERFREUT SIND, WENN DREI AMERIKANER IN DEUTSCHLAND BIER BRAUEN.

Mit zum Erfolg beigetragen hat sicherlich auch die ungewöhnliche Crowd Funding Kampagne, mit der sich die drei US-Boys das nötige Startkapital besorgten. Schon für 15 Euro konnte man sich am Portal zur Brauerei verewigen lassen, ab 200 Euro gehört man zum „Members Club". So konnten sie etwa 200 teils bier-prominente Berliner als finanzielle Unterstützer gewinnen und ihren Traum verwirklichen. Doch die Kollegen beteiligten sich nicht nur mit Geld, sondern standen auch mit

drinking our beer. That was something we didn't see coming," David says. "Somehow, we didn't think three Americans brewing in Germany would gain acceptance, but a lot of people were curious enough to try it out, and other guests were well-traveled enough that they had already been exposed to this kind of stuff before."

Initial success

It's safe to assume that their initial success was helped along by the crowdfunding campaign the three Americans had run to build their brewery. For 15 EUR, your name would earn a spot on the brewery's 'Wall of Excellence'. If you donated over 200 EUR, you would gain access to their 'Members Club', which provided you with part-ownership via shares in the company. Though the raising of money was a necessary step to guarantee the brewery's ultimate existence, some of the most valuable contributions that the three men received were actually non-monetary. "Johannes Heidenpeter was a huge help to us when dealing with the bureaucratic realities of being foreigners who wanted to do business here in Germany," Spengler says. "Surprisingly, the normal governmental authorities were actually pretty easy. It was the immigration office that provided the real hurdles for us three to jump over."

Rat und Tat zur Seite. „Johannes Heidenpeter hat uns durch die ganzen Ämter geholfen“, berichtet Spengler, „mit ihm hatten wir schon als Homebrewer gebraut. Bei den normalen Behörden war es recht einfach, aber die Ausländerbehörde erwies sich als größte Hürde.“

Auch musikalisch noch aktiv

Doch auch die wurde genommen, und so können die Gäste im Wedding von Dienstag bis Samstag die Vagabund-Biere und viele weitere Bierspezialitäten genießen. Die Band gibt es zwar nicht mehr, aber jeden ersten Dienstag im Monat heißt das Motto „Open Microphone“. Und da greift David auch selbst noch ab und zu zur Gitarre und spielt ein paar Songs mit…

Open mic night

Though the road may have been long and trying, Vagabund Brewery is now a Wedding staple, offering its delicious malt specialties every Tuesday to Saturday. Although their band (Push the Apples) no longer exists, the first Tuesday of every month is an open mic night, and David has been known to take the stage every now and then, with his guitar in hand…so consider yourself either lucky or warned!

MEHR: WWW.VAGABUNDBRAUEREI.COM

ZUKUNFT AM OSTKREUZ

Laskerstraße 5, 10245 Berlin
0176 57861079
www.zukunft-ostkreuz.de
Mo-Do ab 17.30, Fr-So ab 15.30 Uhr

Ostkreuz

BIERKAPITAL FÜR DAS THEATER

DRINK ALL NIGHT

Angefangen hat alles mit einem großen polnischen Metalltop auf dem heimischen Herd. Da stand Alex Zahn vor 15 Jahren und startete seine ersten Gehversuche in der Welt der Biere. Doch auch schon davor führte er ein bewegtes Leben. Aus der 68er Generation der DDR stammend, studierte er sich erst einmal durch die verschiedensten Studiengänge, experimentierte mit Theater und Film und nutzte schließlich mit einigen Gleichgesinnten die Wendezeit, um mit einem Betreiberkollektiv Kultur in Form von Theater, Musik und Kino unter die Leute zu bringen.

Everything started 15 years ago with a big metal pot, a kitchen stove, and a man named Alex Zahn. The beer he brewed in that pot was an attempt to create something different and creative, which was nothing new to Alex. As a child of the radical '60s generation, Alex dabbled in academia, theater, film, and the arts. With the fall of the Berlin Wall he finally found the opportunity to unite all these passions into one brand new collective focused on bringing music, theater, and film to the masses: the cinema Kino-Trioka Friedrichshain.

Heute gehören zur „Kino-Troika Friedrichshain" drei Kinos, die Tilsiter Lichtspiele, das Freiluftkino Pompeji und das Kino Zukunft, wobei die beiden letzteren am Standort Ostkreuz stehen, wo auch die Brauerei angesiedelt ist. Die Geschichte des Geländes am Bahnhof Ostkreuz wird vor allem nach der Wende spannend. Aus dem ehemaligen Film-Lagers mit DEFA-Filmen wurde nach einigen Jahren Leerstand 2003 das „Ministerium für Entspannung",

Today the Kino-Trioka Friedrichshain has expanded to become a small chain of sorts, comprised of 4 independent cinemas: the Tilsiter Lichtspiele, the Freiluftkino Pompeji, and the Kino Zukunft. The Pompeji and Zukunft have found their home near Ostkreuz, where a new brewery has also recently taken root.

ZUKUNFT AM OSTKREUZ

Laskerstraße 5
10245 Berlin

Mo-Do ab 17.30 Uhr,
Fr-So ab 15.30 Uhr
0176-57861079
www.zukunft-ostkreuz.de
Ostkreuz

ein Techno-Club, dessen Erwähnung auch heute noch bei Szene-Kennern für glasige Augen sorgt. Diese Institution fand allerdings im September 2009 bei einem Großbrand ein jähes Ende. Die Ruine stand anschließend wieder leer, bis sie von Alex Zahn und seinen Leuten entdeckt und 2011 nach vielen langen Arbeitseinsätzen des Kollektivs wiederbelebt wurde.

Erfahrungen gesammelt

Alex braute auch zu dieser Zeit noch hobbymäßig Bier, beschloss aber mit der Eröffnung am Ostkreuz, dort auch eine Brauerei einzurichten: „Von der Theorie hatte ich keine großen Defizite, ich hab mir dann noch ein paar Lehrbücher geholt und einfach Erfahrung gesammelt." Am 30. April 2014 war es dann soweit, und der erste Sud konnte eingebraut werden. Alex braut zwei Sorten, ein Helles namens „Goldene Zukunft" und ein Dunkles mit dem Namen „Dunkle Zukunft". „Vom ersten Tag an war alles ausgetrunken, was ich gebraut habe", berichtet er über die ersten Erfahrungen, „ich hätte nicht gedacht, dass man da permanent arbeiten muss."

Bier muss Spaß machen

Einen Vorteil hat der heute 46jährige allerdings: „Ich wohne nur fünf Mi-

Cultural hotspot

Since the fall of the wall, the area around the Ostkreuz station has maintained its status as a cultural hotspot for the alternative scene. The property, a former film warehouse, was repurposed into a discotheque (Ministerium für Entspannung) that still brings back fond memories to anyone who made their rounds in the late-night circuits of the 2000s. After the club burned down in 2009, the property was left to fall to ruins, at least until Zahn and his team stumbled upon it in 2011 and brought it back to life.

Being an avid home brewer, the decision was quite easy for Alex to open a brewery in the new location. "I had enough practical experience at that point, and my grasp on the theory was decent, so I bought a few textbooks to round me out before I started, and from there you can only really learn more by brewing." On 30 April 2014 the brewery was ready, and Alex premiered his first two beers: a Hell called Goldene Zukunft (golden future) and a Dunkel called Dunkle Zukunft (dark future). "They drank my whole supply in one day," Alex said. "I had no idea at that point how much work I was making for myself!"

nuten weit weg, das ist super, weil ich dann viel Zeit mit meiner Frau und meinen drei Töchtern verbringen kann." Die Anlage rund um das 10 hl Sudhaus besteht auch aus viel Eigenbau, Zahn braut im Dreimaischverfahren und möchte sich an den klassischen tschechischen „10er Bieren" orientieren. Diese Biere entwickelten sich im Böhmen des frühen 19. Jahrhunderts, hatten nur 10% Stammwürze und daraus resultierend einen

„BIERSOMMELIERS FINDE ICH ALBERN, FÜR MICH IST BIER EIN ZWECKGETRÄNK, DAS SCHMECKEN UND SPASS MACHEN MUSS.

niedrigen Alkoholgehalt von um die 4%. „Da kann man den ganzen Abend trinken und quatschen, ohne dass es zu viel wird", erklärt Alex, „so möchte ich das auch hier haben. Mehr soll das nicht sein. Biersommeliers finde ich albern, für mich ist Bier ein Zweckgetränk, das schmecken und Spaß machen muss."

Drink all night

When it comes to brewing, Alex's beer philosophy is quite clear. "I prefer beers that you can drink all night without ending up under the table." Favoring Bohemian styles from the early 1800s called "10er beers," Alex brews with a target original

„A LOT OF THE BEER SOMMELIERS THINK I'M STRANGE FOR BREWING WHAT I DO ...

gravity around 10%, which results in an abv of about 4%. "A lot of the beer sommeliers think I'm strange for brewing what I do, but I don't see beer as some hyped up luxury product; it's a part of everyday life and should be enjoyed as everyday life is: simply."

Theaterfinanzierung

Mit den Einnahmen aus der Brauerei finanziert das Kollektiv übrigens sein Theater, eines der wenigen unsubventionierten in der Stadt. Insgesamt ernährt der Betrieb neun Familien. Der Besuch lohnt sich auch in den Tilsiter Lichtspielen (Richard-Sorge-Straße 25A), die mit über 100 Jahren eines der ältesten Programmkinos Deutschlands sind. Auch dort gibt es die Zukunft-Biere, allerdings als „Tilsiter Hell" und „Tilsiter Dunkel", genauso wie bei der „Mangelwirtschaft W. Prassnik" (Torstraße 65), dort als Prassnik-Hausbier.

Theater finance

The brewery is so successful that the collective is able to finance its theater with the profits, making it one of the few unsubsidized theaters in the city. When looking for other places to try Zahn's fine brews, you need look no further than his cinema, Tilsiter Lichtspielen (Rechard-Sorge-Straße 25A), which is one of the oldest indy cinemas in Germany. At Tilsiter, however, you won't find a Hell and Dunkel Zukunft (directly branded to Kino Zukunft). At Tilsiter, they're appropriately known as Tilsiter Hell and Tilsiter Dunkel. At their third serving location, Mangelwirtschaft W. Prassnik, they're known ass the Prassnik Hausbier.

MEHR: WWW.ZUKUNFT-OSTKREUZ.DE

X Details zu Station auf Seite X im Buch

For details see page #

ße Hamburger Straße
Sophienstraße
Sophie 11
243

197

228

242

243

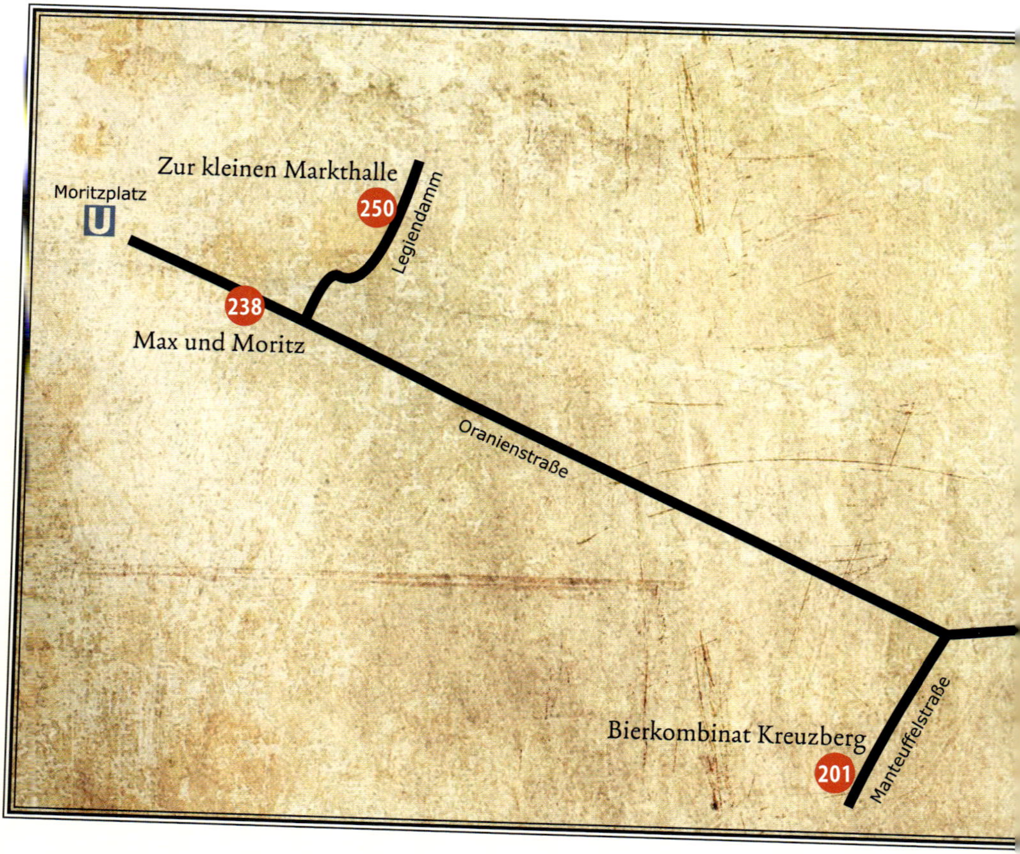

X Details zu Station auf Seite X im Buch

For details see page #

Spree
212
Oberbaumeck
239
Oberbaumstraße
Wrangelstraße
Oppelner Straße
212
Hopfenreich
Skalitzer Straße

201

O·B·E
239

247

196

RESTAURANT
238

233

247 Wilhelm Hoeck
Wilmersdorfer Straße
Schillerstraße
U
S
Charlottenburg
Wilmersdorfer Straße
238
Mommsen-E

X Details zu Station auf Seite X im Buch
For details see page #
249
202
196
mbrosetti
Leibnitzstraße
Brauhaus Vaust
202
Pestalozzistraße
Grolmanstraße
Carmerstraße
Dicke Wirtin
233
Kantstraße
Sauvignyplatz
249 Zillemarkt
Bleibtreustraße
Mommsenstraße

245
Menü
245
Tiergartenquelle
Bachstraße
S
Tiergarten
Straße des 17. Juni
Tiergarte
Schleusenkrug
241
Spree
241

X Details zu Station auf Seite X im Buch
For details see page #
euer See
231
Café am Neuen See
231

FOTOS
278€
Für mehr
Bier
Für
Wein

mindest
ind wir
RLICH
Find us on:
facebook
Beggers.com
WE ARE
Para
WHISKY
Für
Ka

Bierkulturstätten
Beer culture sites

Potsdam: 218

! Nummer = Seitenzahl im Buch / Genaue Daten siehe Portraits!
Number = page in book / Detailed information see portraits!

PANKOW
LICHTEN-
BERG
MITTE
MARZAHN
HELLERSDORF
FRIEDRICHS-
HAIN KREUZ-
BERG
TEMPELHOF
SCHÖNEBERG
NEUKÖLLN
TREPTOW
KÖPENICK
214
211
13
198
197
204
216
215
200
210
201
212
205
217
220
VAGABUND
BRAUEREI
BRAUHAUS
IN SPANDAU
GASTHAUS · BRAUEREI · HOTEL
BIER
FABRIK
BERLIN
TILSITER HELL UNFILTRIERT
PFOTEN WEG. KRALLEN RAUS.
HERZHAFT, SÜFFIG, UNFILTRIERT.
EIN MARZAHNER. BITTE.
MARZAHNER
Braumanufaktur
Geld allein macht nicht glücklich
Trinkt
BRAUMANUFAKTUR
www.braumanufaktur.de
GEORG BRÆU
BRAUHAUS
BERLINS ORIGINAL
BREWBAKER
BIER MANUFAKTUR
BRAUHAUS LEMKE
Eine Frage der Ähre
ESCHENBRÄU
WEDDING
HOPS & BARLEY
HAUSBRAUEREI
BRAUHAUS
SÜDSTERN
Trink gut, trink besser, trink Flessa
FLESSA
BRÄU

600 BIERE

1968 als Zeitungskiosk gegründet, konzentriert sich Ambrosetti seit 2007 komplett auf Bier. Über 600 verschiedene Biere und 5.000 Quadratmeter Lagerfläche.

600 BEERS

Although founded in 1968 as a newspaper kiosk, Ambrosetti switched over to focus exclusively on beer in 2007 and now boasts over 600 different beers within its 5,000 square meters.

AMBROSETTI

Schillerstraße 103, 10625 Berlin
030 3124726
www.ambrosetti.de
Mo- Fr 10-18, Sa 10 -13 Uhr

U Deutsche Oper

BIERSCHNITZEL

BEERSCHNITZEL

Die Bierüberraschung in Berlin. Über 100 Sorten Bier und ein echtes Berliner Schnitzel mit Kartoffelsalat.

The surprise hit for beer in Berlin, Aufsturz carries over 100 different beers and real Berlin Schnitzel with potato salads.

AUFSTURZ

Oranienburger Straße 67, 10117 Berlin

030 28047407

www.aufsturz.de

Mo, Di, Mi, Do, Fr, Sa, So ab 12 Uhr

S Oranienburger Straße

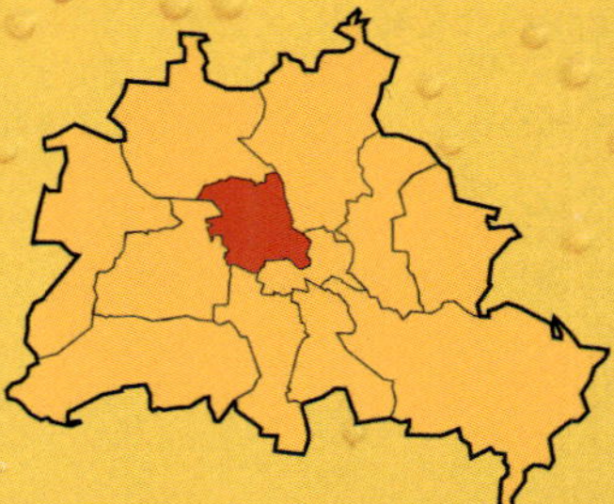

BIERBILDUNG

Biersommelière Sylvia Kopp bietet verschiedene Seminare und Fortbildungen rund um das Thema „Craft Bier" an.

BEER EDUCATION

Beer Sommelier Sylvia Kopp offers courses and seminars on craft beer here.

BERLIN BEER ACADEMY

Claire-Waldoff-Straße 4, 10117 Berlin

030 31176081

www.berlinbeeracademy.de

Termine siehe Internetseite

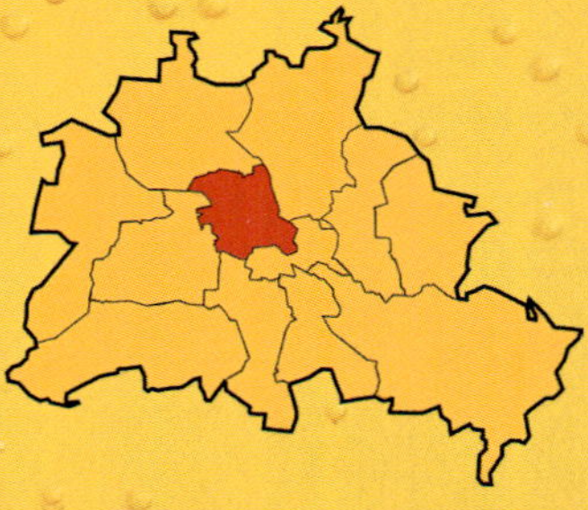

S Oranienburger Straße

BIERFREAKS

Urige Bier-Rumpelkammer mit regelmäßigen Verkostungen und Bier-Präsentationen. Treffpunkt vieler Bierfreaks.

BEER GEEKS

Small and quaint, Berlin Beer Shop offers beer tastings and regular presentations on beer. A meeting place for the true beer geek.

BERLIN BIER SHOP

Kirchstraße 23, 10557 Berlin

030 39100730

www.berlinbeershop.com

Di, Mi, Do, Fr 14 bis 19 Uhr; Sa 10 bis 14 Uhr; Mo, So Ruhetag

U Turmstraße

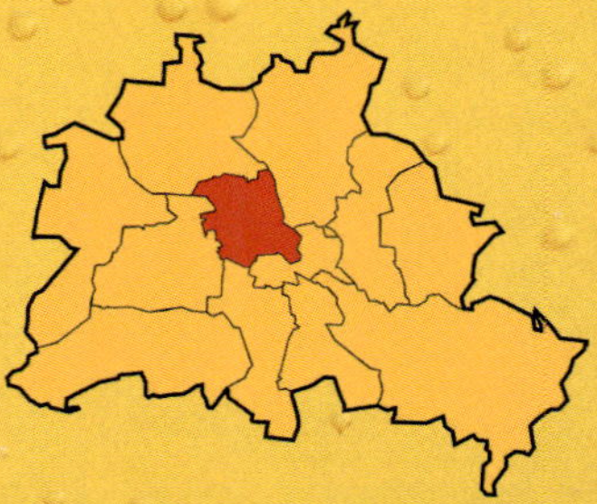

PERIODENSYSTEM

Aus einem Verein hervorgegangener Beer Store, der sein Sortiment nach dem „Periodensystem der Biere“ präsentiert. Mit kleiner Brauerei und vielen Hobbybrauer-Utensilien.

PERIODIC TABLE

Started by passionate members of a beer club, this beer store has chosen to use the "Periodic Table of Beer" as a method to organize their various beer offerings. It also features a small brewery and home brewing equipment.

BIERLIEB

Petersburger Straße 30, 12049 Berlin

030 42806400

www.bierlieb.de

Mo, Di, Mi, Do 16 bis 21 Uhr; Fr 14 bis 21 Uhr, Sa 11 bis 21 Uhr; So Ruhetag

Landsberger Allee

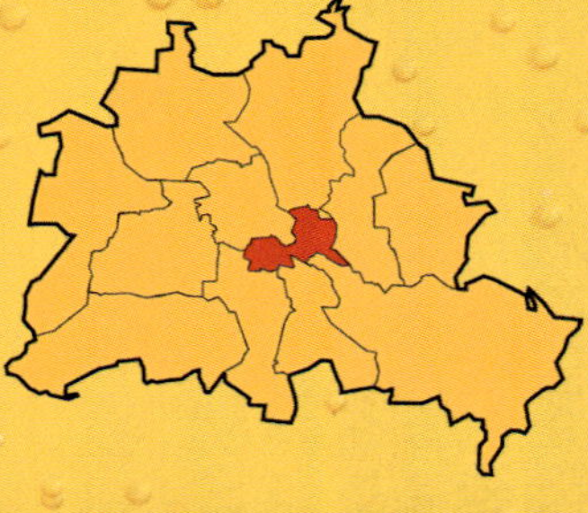

BIER UND FUSSBALL

Der Bier-Geheimtipp in Kreuzberg, mit vielen guten Craft-Bieren vom Fass und regelmäßigen Fußball-Übertragungen.

BEER AND SOCCER

The insider's tip in Kreuzberg for those seeking out a venue with great craft beer on tap and live soccer on TV.

BIERKOMBINAT KREUZBERG

Manteuffelstraße 53, 10999 Berlin

0176 1426670

www.bier-kombinat.de

Mo, Di, Mi, Do, Fr, Sa, So ab 18 Uhr

U Görlitzer Bahnhof

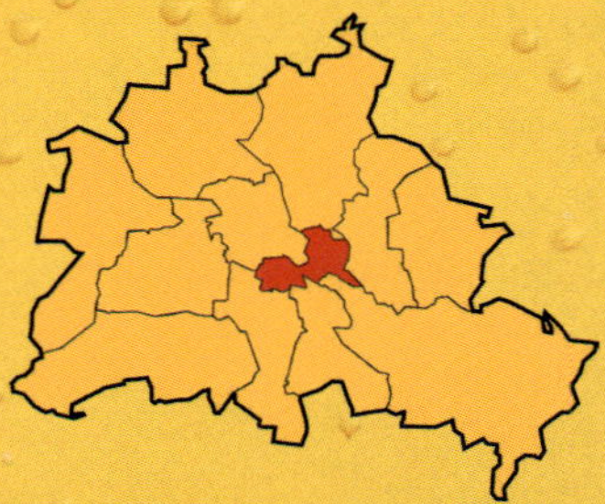

BIERVEGANER

Vegane Gaststätte mit selbstgebrautem Bier und sehr guten Gerichten. Braumeister und Geschäftsführer Wolfgang Grabolle braut bei Brewbaker und gibt Braukurse. Zusammen mit der Deutschen Bierakademie bietet das Vaust die weltweit ersten veganen Bierseminare und Bierkulinarien an.

BEER VEGANS

Calling all vegans! Not only does Vaust brew its very own delicious beer, but it is also officially the world's very first vegan restaurant to offer vegan beer and food seminars to its conscious clientele.

BRAUHAUS VAUST

Pestalozzistraße 8, 10625 Berlin

030 54599160

www.vaust-berlin.de

Di-Sa 17-23 Uhr

U Ernst-Reuter-Platz

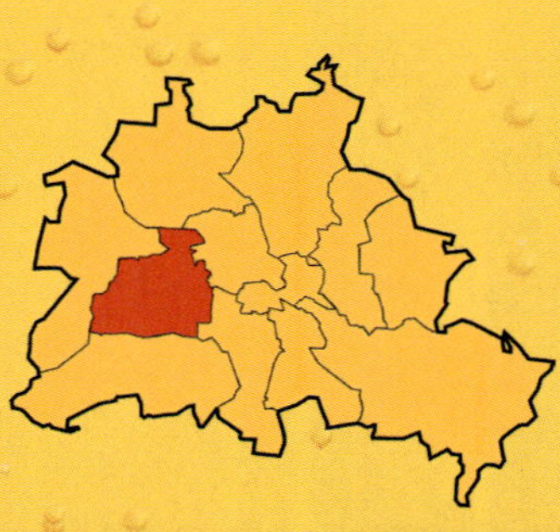

Vaust

SPANNEND!

Ein neues bieriges Projekt, das wir gespannt beobachten. Alle Interessierten sollten regelmäßig auf die Website schauen, um sich hier auf dem Laufenden zu halten:

www.brlo.de

EXCITING!

A new beery project of which we are very excited. All interested persons should visit the website to stay up to date here:

www.brlo.de

BRŁO

HARTER STOFF

HARD STUFF

Verwirklichter Lebenstraum eines schottischen Künstlerehepaars. „What's your poison?" meint in Schottland: „Was gibt es an richtig hartem Stoff zu trinken?"

The word "gift" means "poison" in German, making "What's your poison?" the favorite question the two Scottish owners ask their patrons.

DAS GIFT

Donaustraße 119, 12043 Berlin

\-

www.dasgift.tumblr.com

tägl. ab 17 Uhr

U Hermannplatz

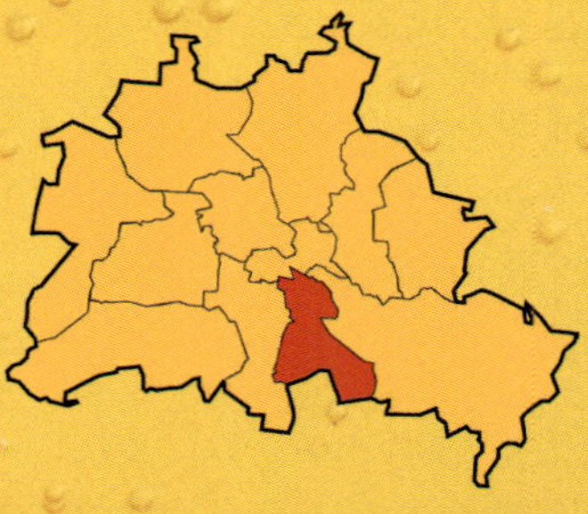

BIER-KNOWHOW

Geballtes Bier-Knowhow mit Verkostungen, Seminaren, Braukursen, Bierkulinarien und Food-Pairing-Events wie „Schokolade & Bier" oder „Bier & Käse". Alle Veranstaltungen werden von Biersommeliers und Braumeistern geleitet. Umfangreiches Aus- und Weiterbildungsprogramm für Hobby-Brauer und Profis aus der Branche.

BEER KNOW-HOW

A veritable hub for beer know-how, the Deutsche Bierakademie (German Beer Academy) offers up a dizzing array of items to both please and inform the consumer on the topic of beer. These offerings include beer tastings, beer seminars, brewing courses, and beer and food pairings on the popular topics of "beer and chocolate" and "beer and cheese." All of their offerings are either held or led by certified beer sommeliers or brewmasters and are suitable for everyone from industry professionals to total beginners.

DEUTSCHE BIERAKADEMIE

Veranstaltungen in Berlin bei: Brauhaus Lemke, Braumanufaktur Forsthaus Templin, Bierlieb;

0951 91700570

www.bierakademie.net

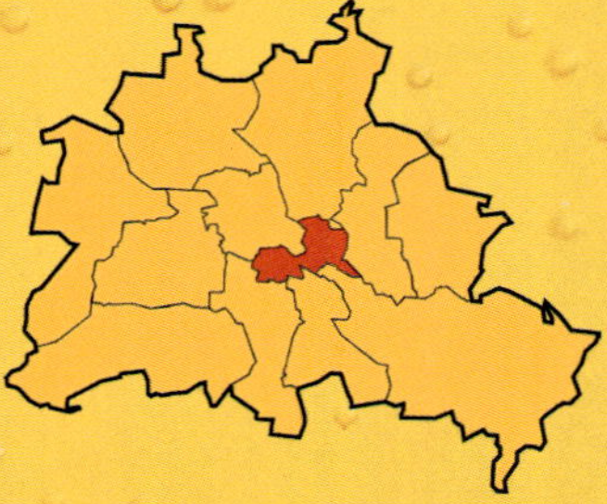

S -

BIER
AKADEMIE
.net

EIN TRAUM

Biersommelier Sven Förster hat sich seinen Traum verwirklicht und wechselte vom Bankschalter hinter den Tresen seiner eigenen Kneipe. Große Bierauswahl, vor allem aus Bayern und Franken.

A DREAM

Sven Förster is a beer sommelier who quit his day job as a bank teller to fulfill his dream of opening a beer bar specializing in Bavarian and Franconian beer.

FÖRSTERS FEINE BIERE

Bornstraße 20, 12163 Berlin

-

www.foerstersfeinebiere.de

Mo-Fr ab 15, Sa ab 14 Uhr

U Walther-Schreiber-Platz

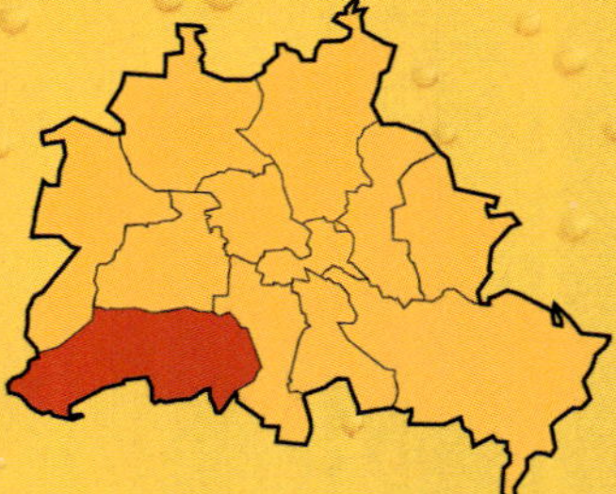

FOERSTERS FEINE BIERE
Foersters Feine Biere
0,5l 3,80 EUR
0,25l 1,90 EUR

350 BIERE

350 BEERS

Erwachsen gewordener Ableger eines Magdeburger Beer Stores. Über 350 Biere aus Berlin und der weiten Welt. Dazu viele weitere regionale Getränke.

An offshoot of a popular beer store in Magdeburg, Getränkefeinkost carries over 350 beers from Berlin and the rest of the world. A nice selection of regional soft drinks is available as well.

GETRÄNKEFEINKOST

Boxhagener Straße 24, 10245 Berlin

030 25933800

www.getraenkefeinkost.de

Mo-Fr 13-20, Sa 11-22 Uhr

S/U Warschauer Straße

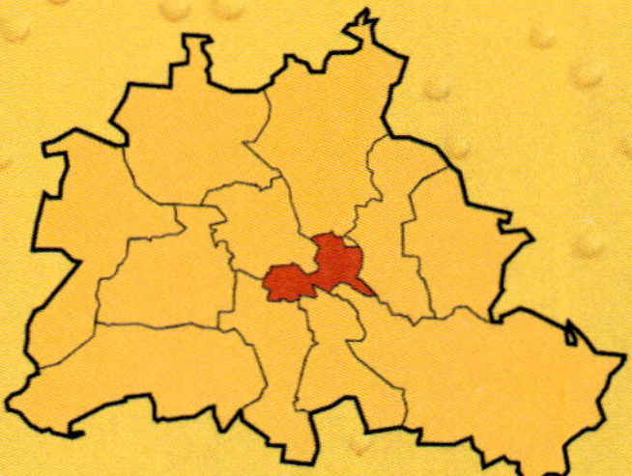

BELGIEN LIVE

Biertempel des Vollblutbelgiers Bart Neirynck und seiner Landsleute. Über 100 Biere aus dem Land von Kriek, Geuze und Trappistenbieren, einzigartig präsentiert!

BELGIAN LIVE

A veritable temple of Belgian beer, Herman is owned by Belgian immigrants who missed their beloved beer so much they created their own store with over 100 different Belgian beer specialties, including Kriek, Geuze and Trappist beer.

HERMAN BELGIAN ALES

Schönhauser Allee 173, 10119 Berlin

030 44312854

-

tägl. ab 18 Uhr

U Senefelderplatz

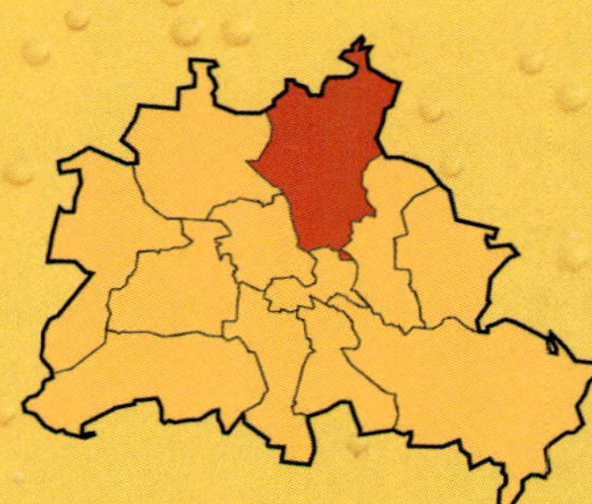

ABWECHSLUNGSREICH

Einer der neuesten Sterne am Berliner Craft-Bier-Himmel mit erfreulich kompetentem Personal und abwechslungsreicher Bierkarte.

ROTATING MENU

A new star is on the rise in Berlin's Craft Beer sky, and it's called Hopfenreich (Hops Kingdom). A well-trained staff and a regularly updated rotating beer menu make this place a hit.

HOPFENREICH

Sorauer Straße 31, 10997 Berlin

030 88061080

-

tägl. ab 16 Uhr

U Schlesisches Tor

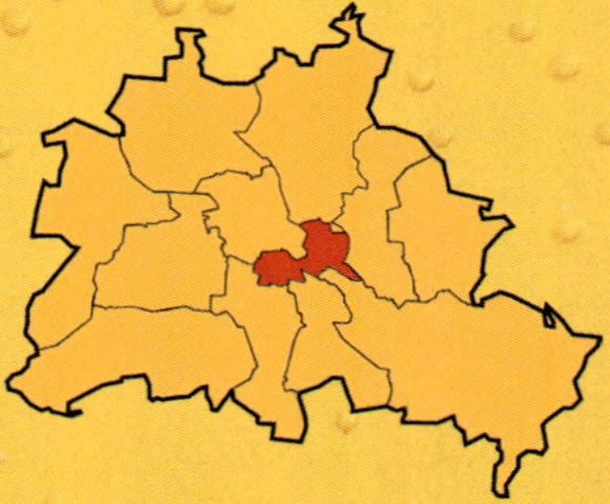

DER BIER-GURU

Der Berliner Bier-Guru Ludger Berges bietet hier seine Lieblingsbiere, vor allem aus Franken und Bayern. Der perfekte Ort für den gemütlichen Biereinkauf mit bester Beratung. Ludger holt seine Biere fast alle persönlich ab!

BEER GURU

Hopfen & Malz (Hops and Malt) is a fitting name for a location that specializes in Bavarian and Franconian beer. In fact, owner Ludger Berges (aka the Berliner Beer Guru) loves his beers so much he picks up most of them himself!

HOPFEN UND MALZ

Triftstraße 57, 13353 Berlin

0176 34409478

www.hopfenmalz.de

Mo-Do 15-20, Fr 14-20, Sa 11-17 Uhr

U Leopoldplatz

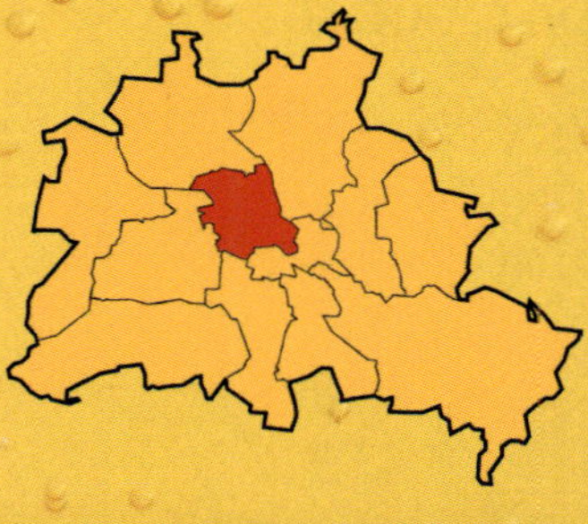

DER GEHEIMTIPP

Absoluter Geheimtipp! Der Holländer Stefan Rouschop präsentiert liebenswert die besten Biere aus seiner Heimat und weitere Spezialitäten. Die Namensfindung war einfach: Er fragte seine deutschen Freunde, welche Niederländer sie kannten. Die Antwort: Linda de Mol und Rudi Carrell…

INSIDER ' S TIP

Another insider's tip for any lover of Dutch specialties, including beer! A home run from Dutchman Stefan Rouschop.

LINDA CARRELL

Rhinower Straße 3, 10437 Berlin

030 60922350

www.lindacarrell.com

Mo-Sa ab 17 Uhr

S/U Schönhauser Allee

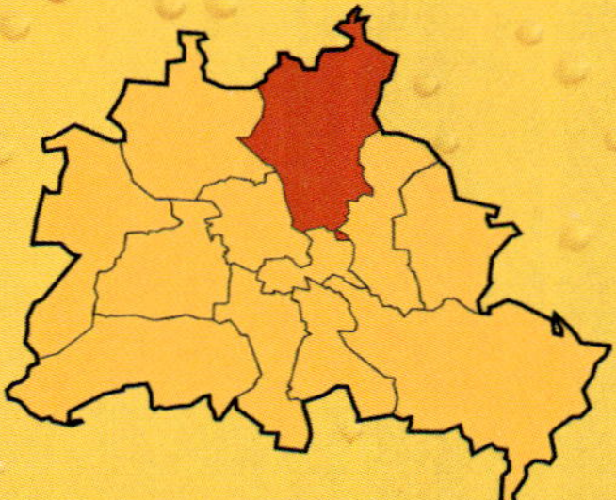

DER KÜHLSCHRANK

THE REFRIGERATOR

Echter Genießertempel mit komplett meisterhaftem Angebot. Wichtig: Im hinteren Teil steht ein Kühlschrank mit echten Bier-Raritäten, die nicht auf der Karte stehen – also reinschnuppern und nachfragen!

A temple for beer and bratwurst addicts! Not only do they have a secret beer refrigerator in the back full of special beer rarities not listed on the menu, but they also roast your bratwurst on a fire before your very eyes! German food and beer done right. Who could ask for anything more?

MEISTERSTÜCK

Hausvogteiplatz 3-4, 10117 Berlin

030 55872562

www.dasmeisterstück.de

tägl. ab 12 Uhr

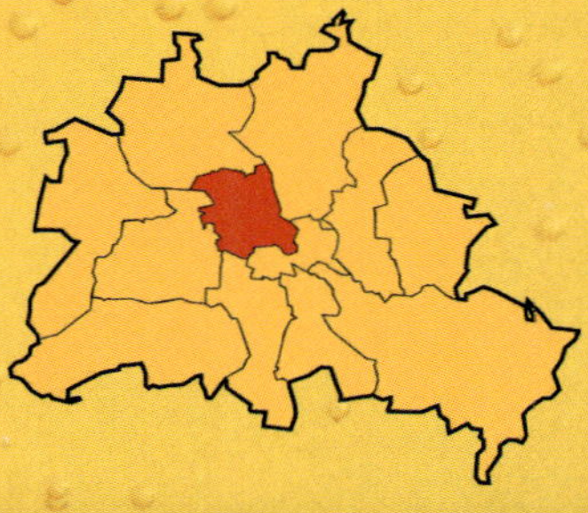

U Hausvogteiplatz

100 BIERE

Der Klassiker steht mittlerweile zweimal in Berlin. Benannt nach Nobelpreisträger Theodor Mommsen, trägt zu Recht den Beinamen „Haus der 100 Biere“.

100 BEERS

This staple now has two locations in Berlin. Named after Nobel Laureate Theodor Mommsen, the store is better known as ‘The House of 100 Beers.’

MOMMSEN-ECK

Alte Potsdamer Straße 1, 10785 Berlin

030 25296635

www.mommseneck.de

tägl. ab 11 Uhr

S/U Potsdamer Platz

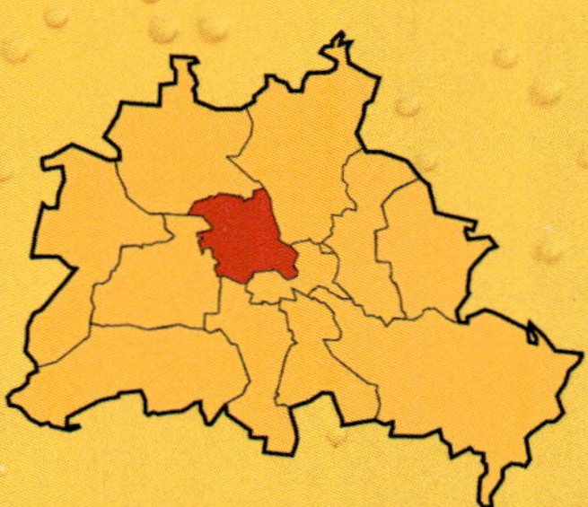

ÜBERRASCHUNG

SURPRISE

Kultiger Neuköllner Kneipenpionier mit hervorragender Bierauswahl und einmaligem Ambiente. Eine der wenigen Lokalitäten, die innen mehr halten, als sie von außen versprechen.

One of the few places that is actually better than it looks, not the other way around, the cult beer bar O Tannenbaum is smack in the middle of Berlin's überhip district of Neukölln. O Tannenbaum (which means Christmas Tree) is a surprise waiting to be unwrapped.

O TANNENBAUM

Sonnenallee 27, 12047 Berlin

-

www.o-tannenbaum-berlin.de

Mo/So ab 19, Di-Sa ab 18 Uhr

U Hermannplatz

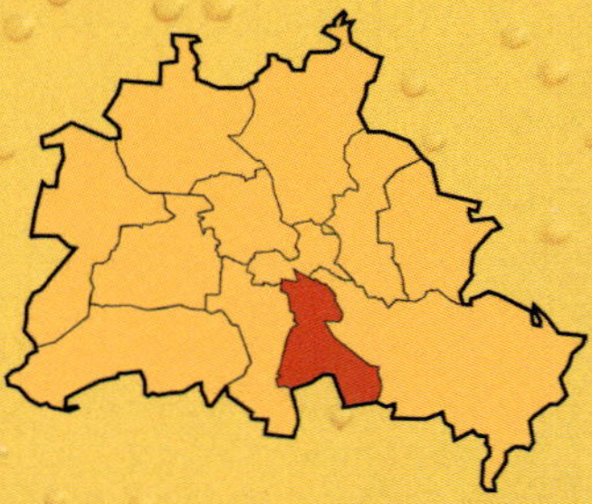

FRISCH AM START

Der 25jährige Brauer Michael Britzke startete mit seinem Brau-Kontor im November 2014 in die Selbständigkeit. Später soll eine Brauerei seine kleine Piraten-bucht ergänzen.

JUST STARTED

The 25-year-old self-employed brewer Michael Britzke started his brewing project BrauKontor in November 2014. He plans to add his own brewery to his little setup moving forward.

POTSDAMER BRAUKONTOR

Zeppelinstraße 40, 14471 Potsdam

0176 84340439

www.potsdamer-braukontor.de

Di-Sa 11-19 Uhr

S Potsdam

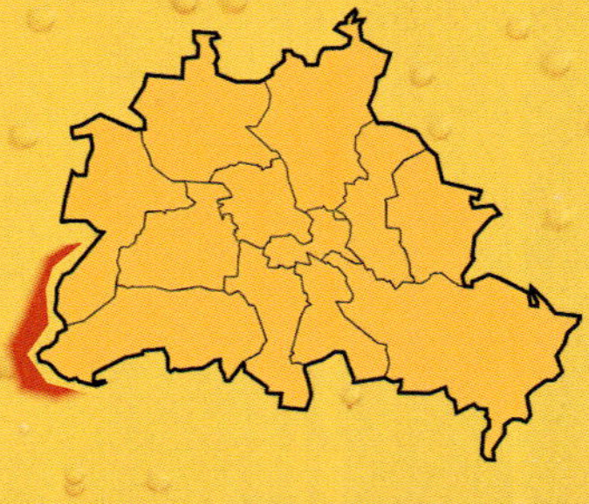

DER BAYER

Der gelernte Bierbrauer Boris Priebe präsentiert die volle Geschmacksvielfalt seiner Heimat Bayern, genauer gesagt: Der Oberpfalz. Mit frischen Zoigl-Bier und leckeren Käse- und Wurstspezialitäten.

THE BAVARIAN

Although the owner Boris Priebe is a trained brewer, nowadays he prefers to spend his time promoting the delicacies his home region of the Oberpfalz in Bavaria. His offerings include Zoigl beer, cheese, and sausage specialties.

WEISS BLAU

Knobelsdorffstraße 27, 14059 Berlin

030 36410163

www.weiß-blau-berlin.de

Mo-Mi 11-19, Do/Fr 11-20, Sa 11-15 Uhr

U Sophie-Charlotte-Platz

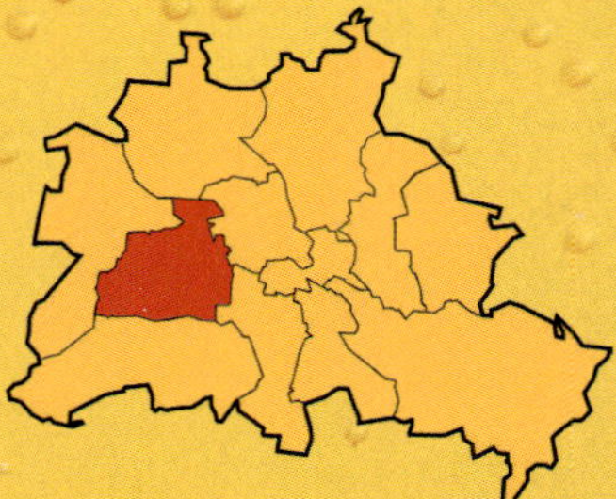

BIERBARKEEPER

BEERBARTENDER

Zweiter Anlauf mit feinen Cocktails und einer großen Auswahl belgischer Biere. Sitzen am Tresen lohnt besonders wegen der Aussicht auf die nimmermüden Barkeeper.

Since the re-launch of Yuma Bar it has specialized in serving fine cocktails and a large selection of Belgian beer specialties. Yuma Bar's highlight is its terrace, where one can sit and watch the bustling bartenders prepare their specialties.

YUMA BAR

Weserstraße 14, 12047 Berlin

030 60941368

www.yuma-bar.de

tägl. ab 19 Uhr

U Hermannplatz

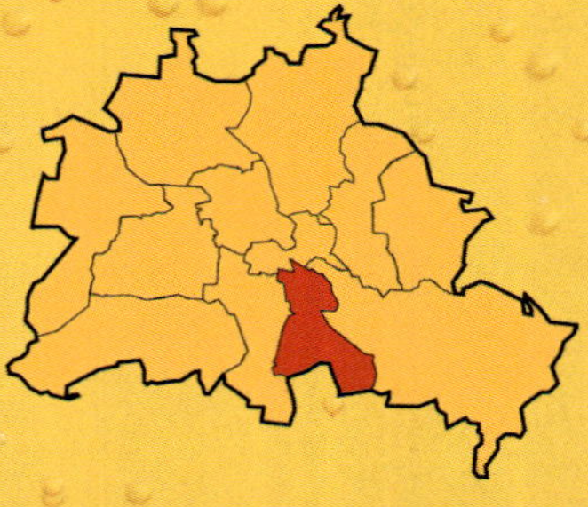

LIEBENSWERTE TRUPPE

Der Verein Zehli-Bräu hat nicht nur entscheidend zum Gelingen dieses Buches beigetragen, seine Mitglieder stehen für die neue Generation der bierinteressierten Berliner, die einfach auch mal „ein anderes Bier" kennen lernen wollen. Bei der liebenswerten Truppe rund um Simone und Sven Herzog geht es nicht nur um das Kennenlernen

ALWAYS WELCOME

Zehli Bräu has not only been indispensable in creating this book, it also plays a crucial role in abetting a new generation of Berlin beer drinkers. Though one of their main goals is to foster interest in expanding one's beer horizons, the organization Simone and Sven Herzog have created is not just about trying new beers. On

ZEHLI BRÄU

Berlin

0179 1327377

www.zehli.berlin

S -

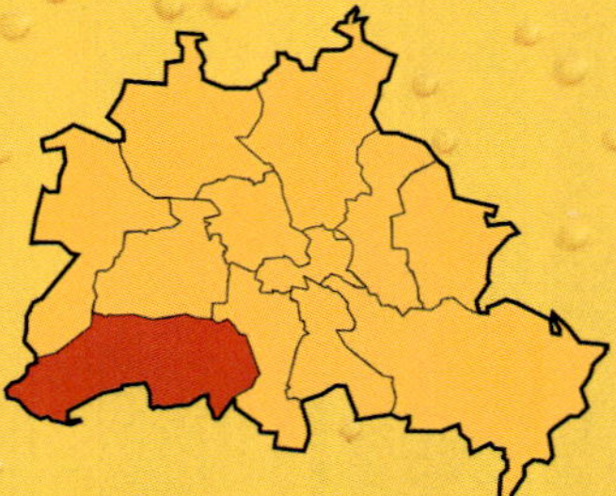

vieler neuer Biere. Mittlerweile haben sich die aktuell etwa 25 Mitglieder vorgenommen, am 23. April 2016 eine eigene Brauerei im Berliner Südwesten (Zehlendorf-Lichterfelde) zu gründen. Dafür haben sie auch schon mehrere Braukurse besucht und touren jedes Jahr mindestens einmal gemeinsam auf Bierkennertour in die Welt. Neumitglieder sind jederzeit willkommen und können auch einfach erst mal „reinschnuppern", bevor sie dann selbst mit am neuen Brauereiprojekt arbeiten.

23 April 2016, the group also wants to open its own brewery in Southwest Berlin (Zehlendorf-Lichterfelde), and at least once a year they venture out into the world to explore its new beer offerings. Already boasting 25 members, the Zehli Bräu organization (non-profit) is growing fast, and new members are always welcome. Come test the waters and decide if you'd like to join their new brewery project, too!

EINFACH GENIESSEN

136 KNEIPEN FÜR DEN BIERLIEBHABER

JUST ENJOY BEER

***136** PUBS FOR BEER-LOVERS*

AUGUST FENGLER

Lychener Straße 11, 10437 Berlin

030 44356640

www.augustfengler.de

tägl. ab 19 Uhr

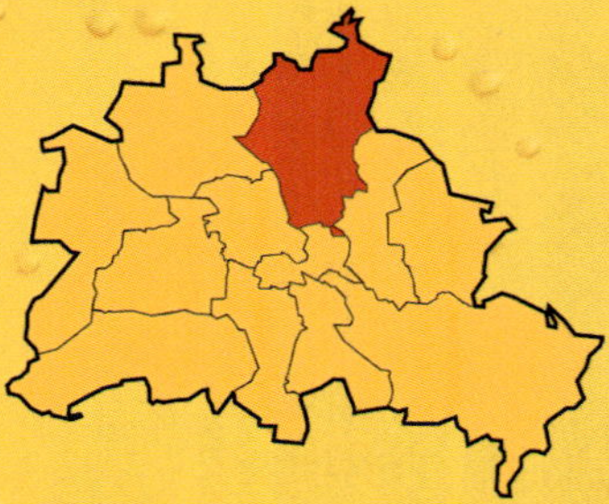

Eberswalder Straße

AUGUSTINER

Charlottenstraße 55, 10117 Berlin

030 10117

www.augustiner-braeu-berlin.de

tägl. ab 10 Uhr

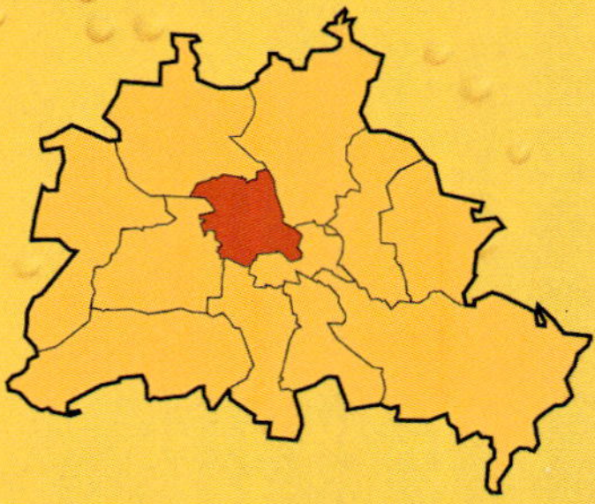

Französische Straße

AUNT BENNY

Oderstraße 7, 10247 Berlin

030 66405300

www.auntbenny.com

Di-Fr 9-20 Uhr, Sa/So 10-20 Uhr

S/U Frankfurter Allee

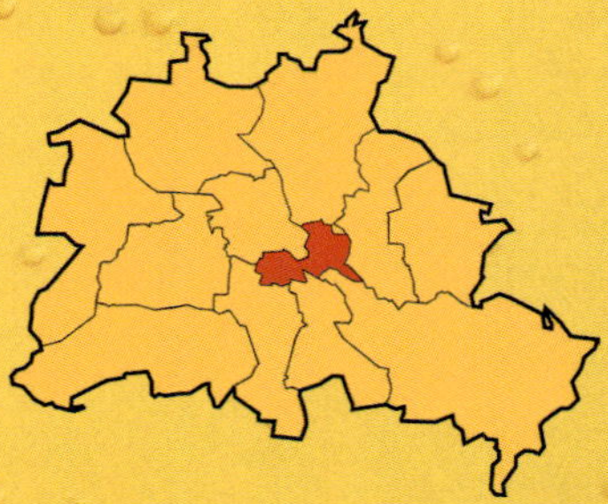

BADFISH BAR

Stargardenerstraße 13, 10437 Berlin

030 54714788

tägl. ab 17 uhr

S Schönhauser Allee

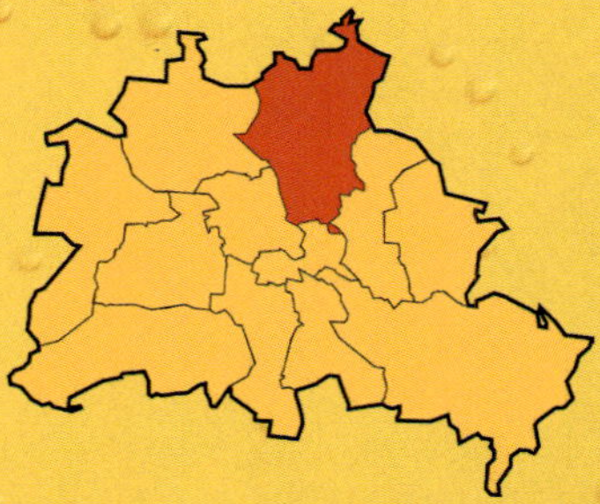

BERLINER REPUBLIK

Schiffbauerdamm 8, 10117 Berlin

030 30872293

www.die-berliner-republik.de

tägl. ab 10 Uhr

Friedrichstraße

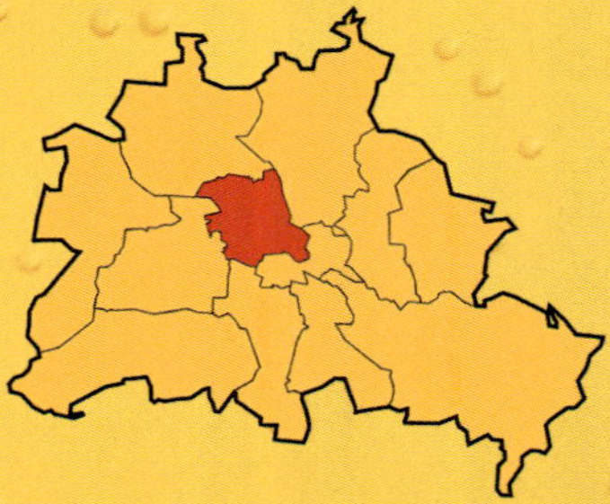

BIERHOF RÜDERSDORF

Rüdersdorfer Straße 70, 10243 Berlin

030 29360215

www.bierhof.info

Mo-Sa ab 16 Uhr, So ab 10 Uhr

/U Warschauer Straße

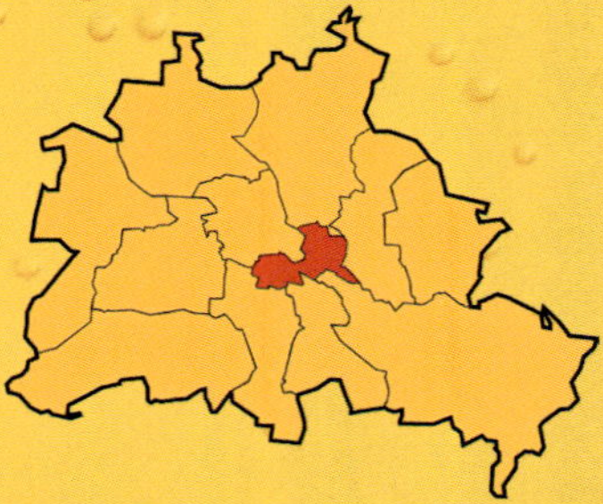

BLAUMILCHKANAL

Schivelbeiner Straße 23, 10439 Berlin

030 12029219

www.blaumilchkanal.com

tägl. ab 18 Uhr

Schönhauser Allee

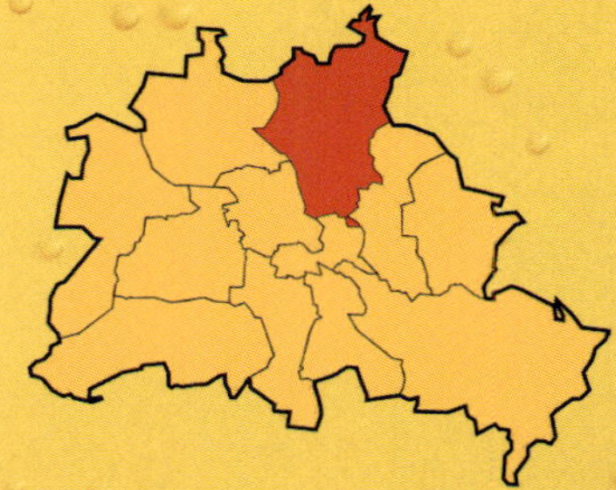

BORNHOLMER HÜTTE

Bornholmer Straße 89, 10439 Berlin

030 4455269

www.domain.de

Mo-Fr ab 16 Uhr, Sa/So ab 18 Uhr

Schönhauser Allee

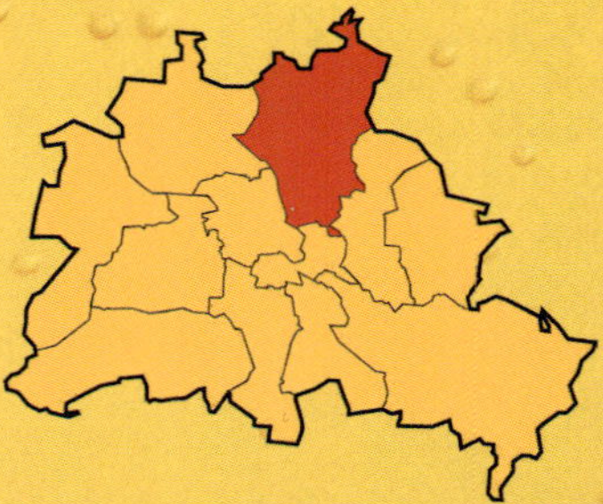

BRACHVOGEL

Carl-Herz-Ufer 34, 10961 Berlin

030 6930432

www.brachvogel-berlin.de

tägl. ab 9 Uhr

Prinzenstraße

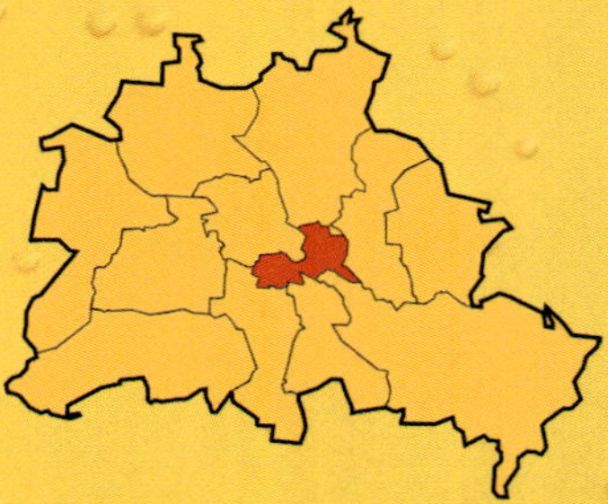

BÜRGERSHOF

Waldmüllerstraße 4-5, 14482 Potsdam

0331 2378889

www.domain.de

Mo-Fr ab 12 Uhr, Sa/So ab 11 Uhr
Nov-Mär Sa/So ab12 Uhr

Potsdam-Babelsberg

CAFÉ AM NEUEN SEE

Lichtensteinallee 2, 10787 Berlin

030 2544930

www.cafeamneuensee.de

tägl. ab 9 Zhr

Tiergarten

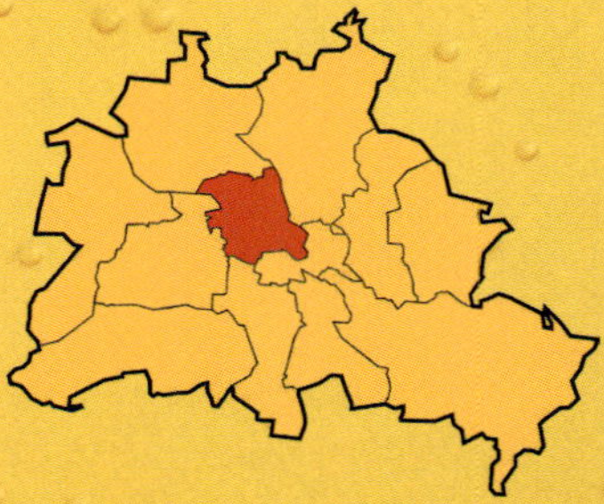

CIRCUS LEMKE

Selchower Straße 31, 12049 Berlin

Mo ab 15 Uhr, Di-Fr ab 12 Uhr, Sa/So ab 10 Uhr

Boddinstraße

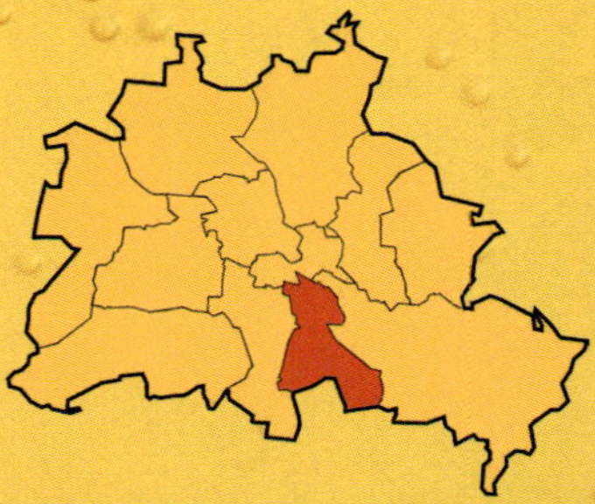

CONMUX

Simon-Dach-Straße 35, 10245 Berlin

030 47985627

tägl. ab 10 Uhr

S/U Warschauer Straße

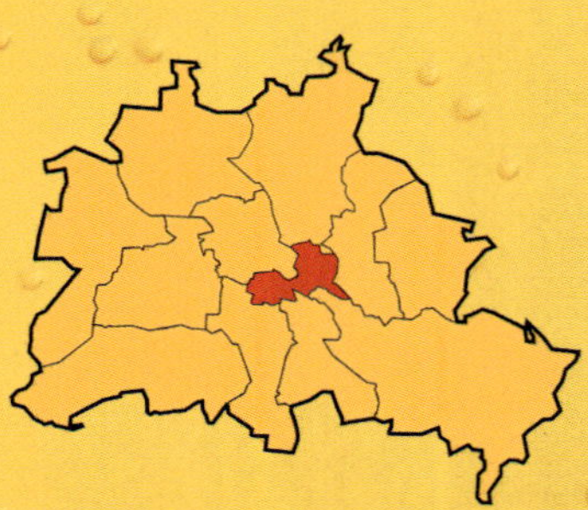

DEPONIE #3

Georgenstraße 5, 10117 Berlin

030 20165740

www.deponie3.de

Mo-Fr ab 9 Uhr, Sa/So ab 10 Uhr

S Friedrichstraße

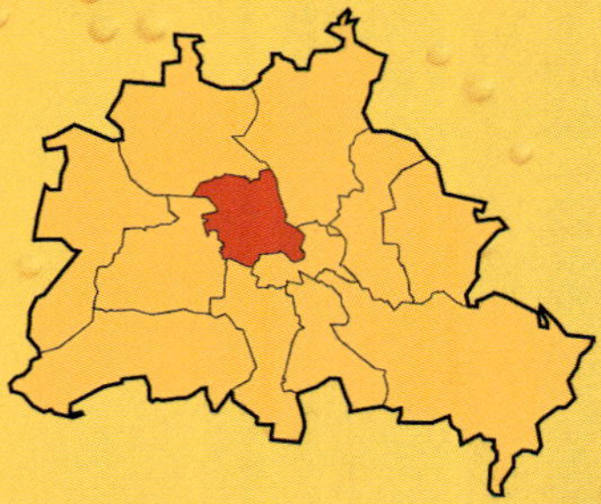

DICKE WIRTIN

Carmerstraße 9, 10623 Berlin

030 3124952

www.dicke-wirtin.de

tägl. ab 11 Uhr

S Savignyplatz

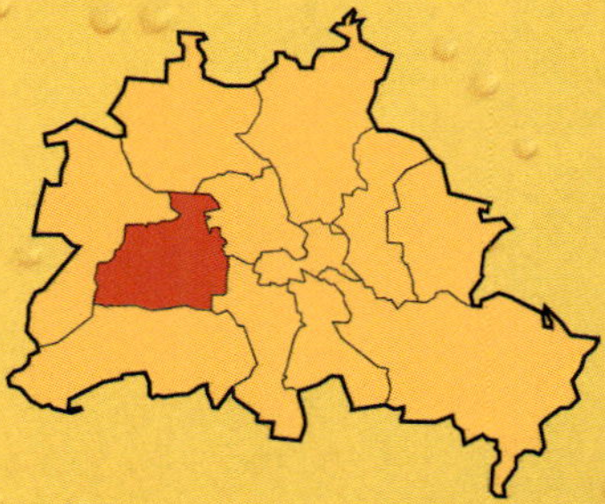

FISCHERHÜTTE AM SCHLACHTENSEE

Fischerhüttenstraße 136, 14163 Berlin

030 80498310

www.fischerhuette-berlin.de

tägl. ab 9 Uhr

U Krumme Lanke

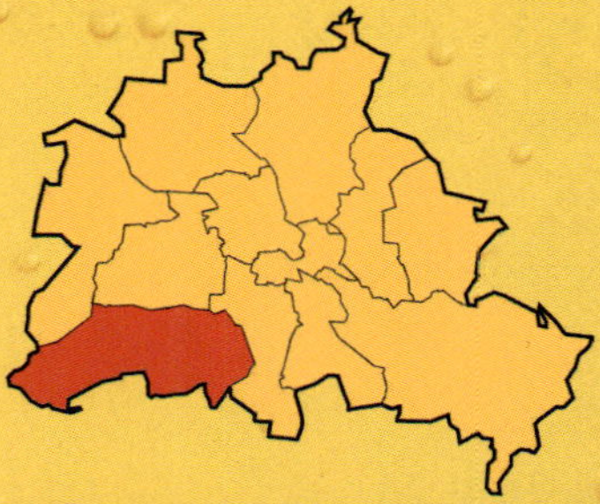

GASTSTÄTTE ZUM NUSSBAUM

Am Nußbaum 3, 10178 Berlin

030 2423095

tägl. ab 12 Uhr

S / U Alexanderplatz

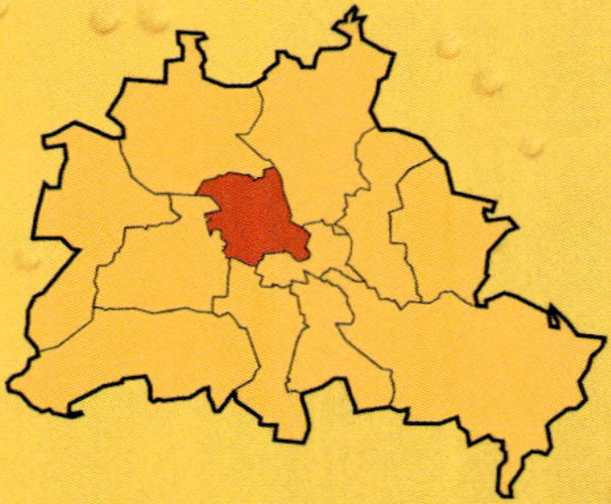

GOLGATHA

Dudenstraße 40, 10965 Berlin

030 7852453

www.golgatha-berlin.de

tägl. ab 9 Uhr
Apr-Sep/Okt

U Platz der Luftbrücke

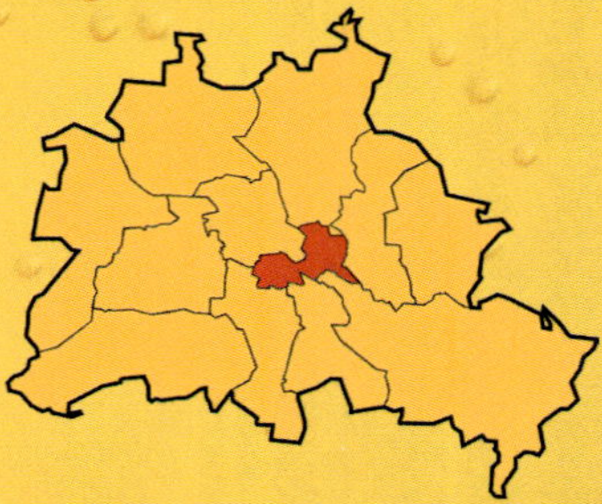

GOTTLOB

Akazienstraße 17, 10823 Berlin

030 78708095

Mo-Sa ab 9 Uhr, So ab 10 Uhr

U Eisenacher Straße

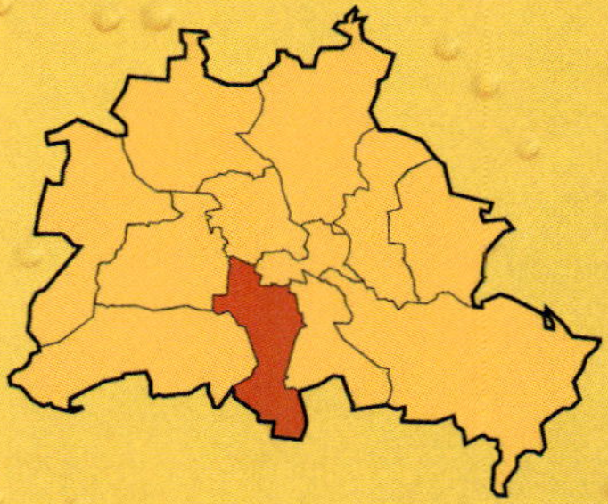

HELL ODER DUNKEL

Laubacher Straße 28, 14197 Berlin

030 89733620

www.helloderdunkel.de

tägl. ab 11.30 Uhr

S/U Bundesplatz

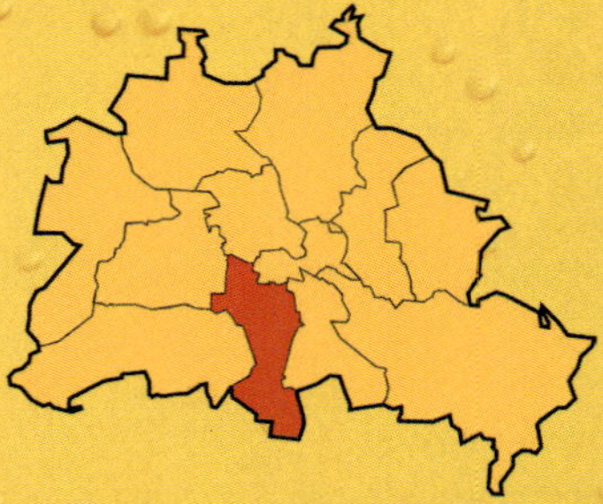

HOFBRÄUHAUS BERLIN

Karl-Liebknecht-Straße 30, 10178 Berlin

030 679665520

www.hofbraeuhaus-berlin.de

tägl. ab 10 Uhr

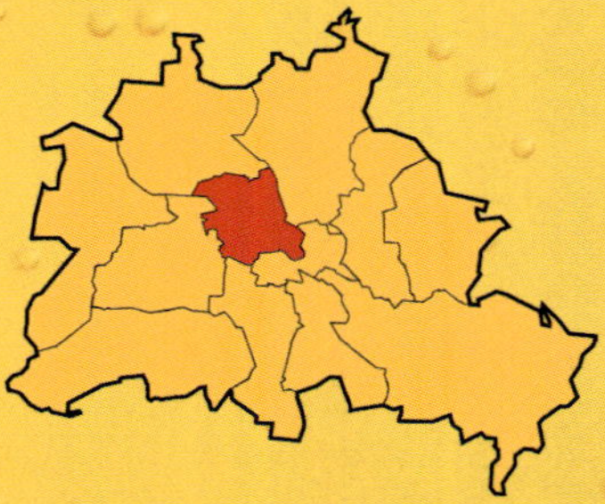

S/U Alexanderplatz

LEUCHTTURM

Crellestraße 41, 10827 Berlin

030 7818519

www.leuchtturm-kneipe.de

Mo-Fr ab 18 Uhr, Sa ab 18.30 Uhr, So ab 19.30 Uhr

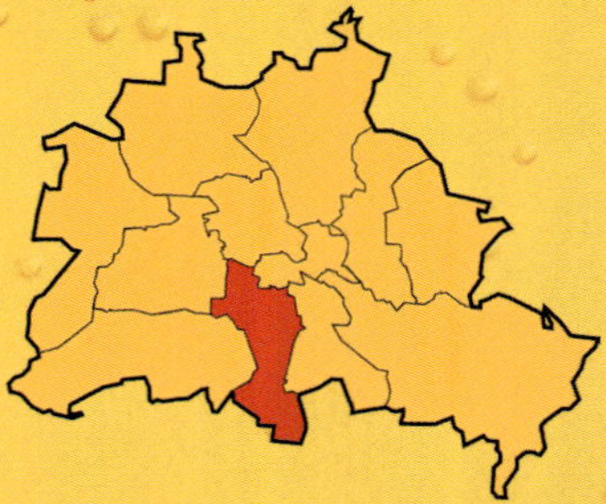

S Julius-Leber-Brücke

LORETTA AM WANNSEE

Kronprinzessinenweg 260, 14109 Berlin

030 80105333

www.loretta-berlin.de

tägl. ab 11 Uhr

S Wannsee

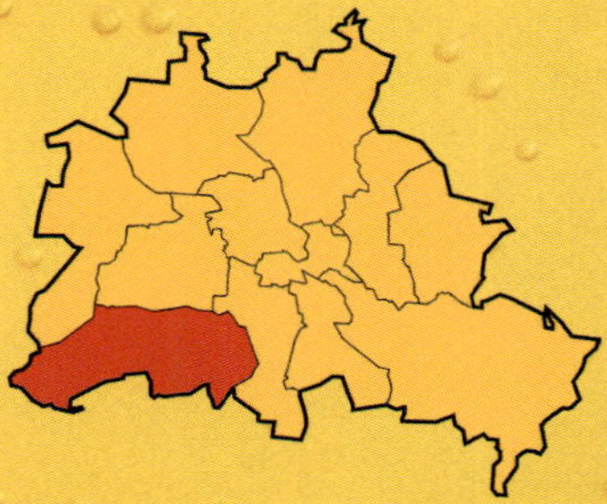

MARIA & JOSEF

Hans-Sachs-Straße 5, 12205 Berlin

030 75633102

www.mariaundjosef.com

Mo-Fr ab 17 Uhr, Sa/So ab 12 Uhr

S Lichterfelde West

MAX UND MORITZ

Oranienstraße 162, 10969 Berlin

030 69515911

www.maxundmoritzberlin.de

tägl. ab 17 Uhr

U Moritzplatz

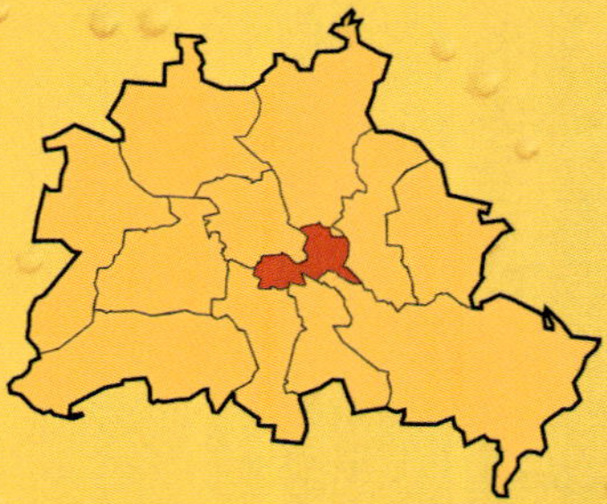

MOMMSEN-ECK

Mommsenstraße 45, 10629 Berlin

030 3242580

www.mommsen-eck.de

tägl. ab 9 Uhr

S Charlottenburg

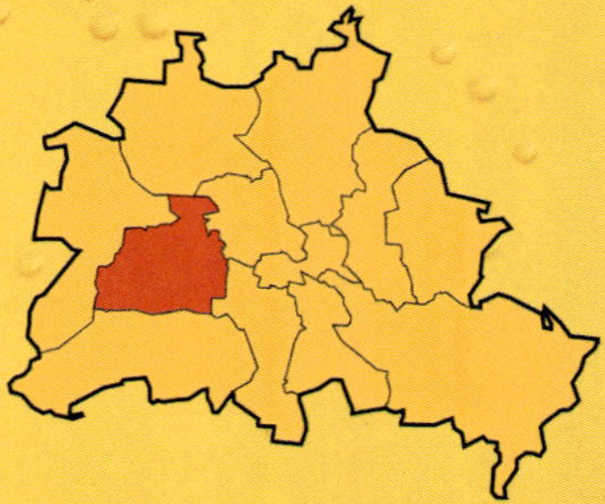

MÖVE IM FELSENKELLER

Akazienstraße 2, 10823 Berlin

030 7813447

Mo-Fr ab 16 Uhr, Sa ab 12 Uhr, So ab 18 Uhr

Julius-Leber-Brücke

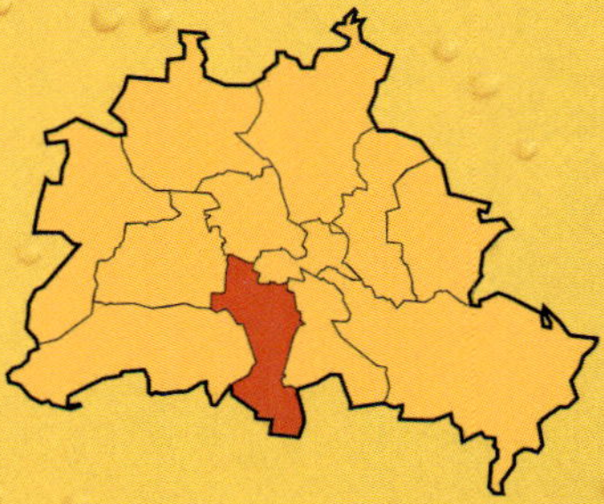

OBERBAUMECK

Bevernstraße 5, 10997 Berlin

www.oberbaum-eck.de

tägl. ab 17 Uhr

Schlesisches Tor

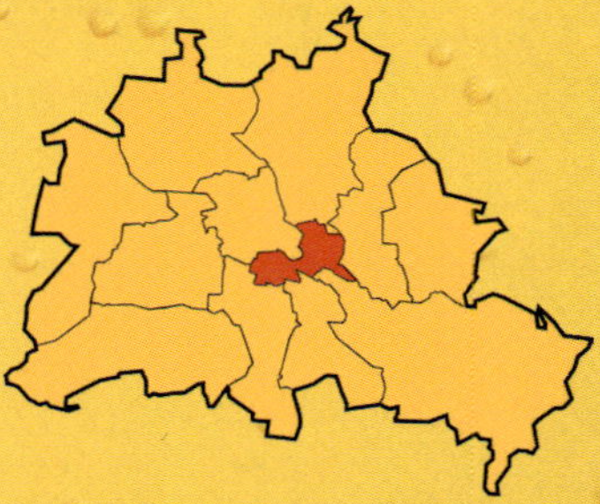

PARKCAFÉ

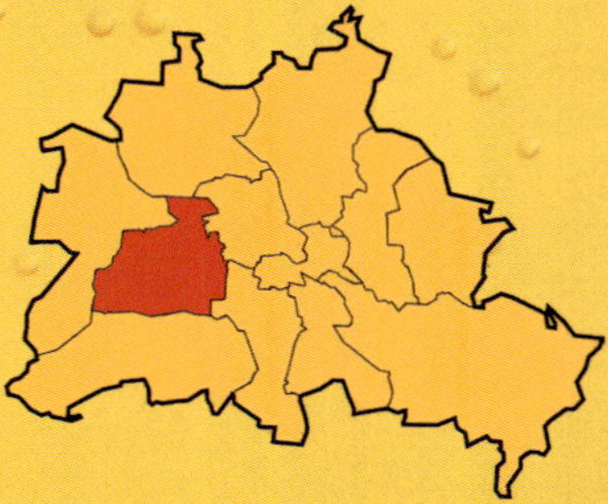

Fehrbelliner Platz 8, 10707 Berlin

030 86313838

www.parkcafe-berlin.de

tägl. ab 8.30 Uhr

U Fehrbelliner Platz

PAULANER IM SPREEBOGEN

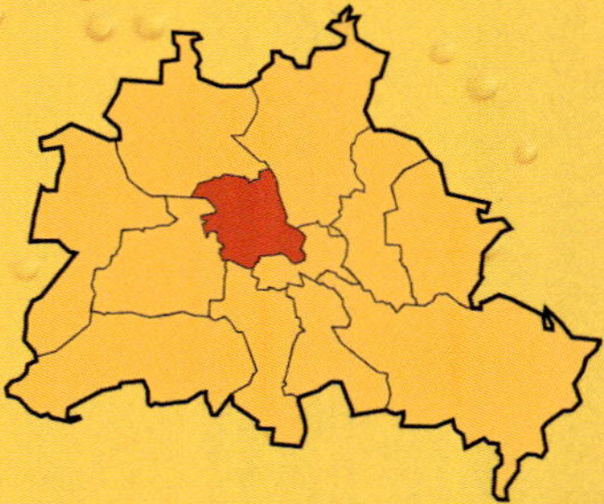

Alt-Moabit 98, 10559 Berlin

030 39881426

www.paulaner-im-spreebogen.de

tägl. ab 11 Uhr

U Turmstraße

PRATER GARTEN

Kastanienallee 7-9, 10435 Berlin

030 4485688

www.pratergarten.de

Mo-Sa ab 18 Uhr, So ab 12 Uhr
Apr-Sep tägl. ab 12 Uhr

U Eberswalder Straße

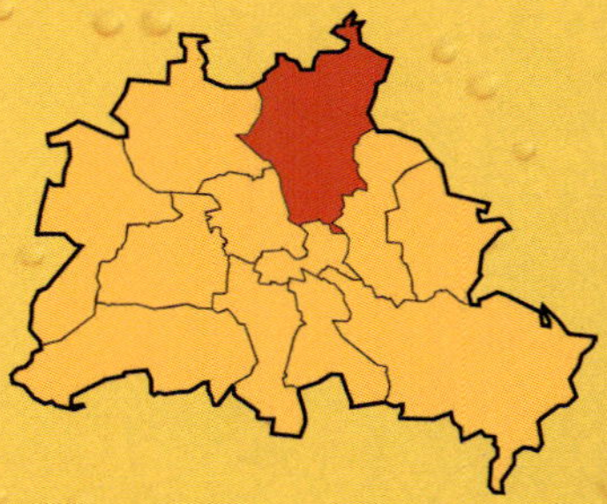

SCHLEUSENKRUG

Müller-Breslau-Straße 1, 10623 Berlin

030 3239909

www.schleusenkrug.de

Mo-Fr 11-18 Uhr, Sa/So 10-19 Uhr

S Tiergarten

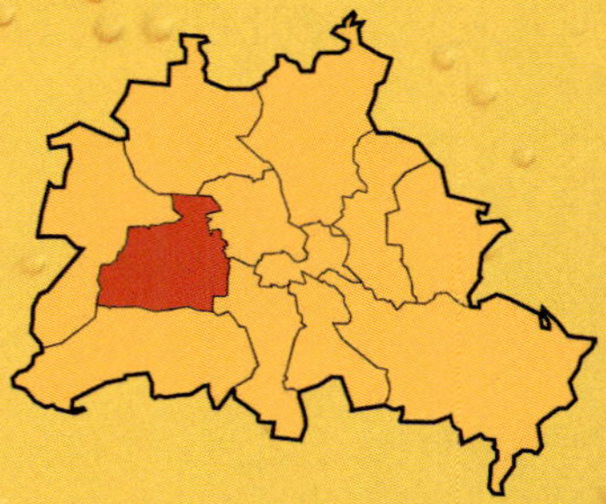

SCHOENBRUNN

Am Schwanenteich, 10407 Berlin

030 4530565

www.schoenbrunn.net

tägl. ab 10 Uhr
Winter Sa/So ab 10 Uhr

Alt-Reinickendorf

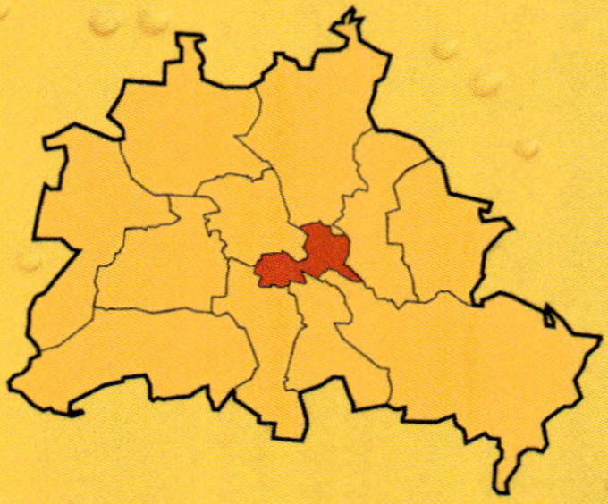

SCHWARZWALDSTUBEN

Tucholskystraße 48, 10117 Berlin

030 28098084

www.schwarzwaldstuben-berlin.com

tägl. ab 9 Uhr

Oranienburger Straße

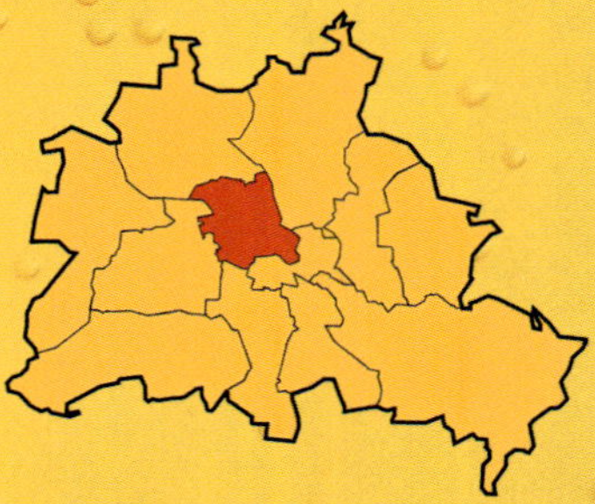

SÖHNEL

Neue Kreisstraße 50, 14109 Berlin

030 80907887

www.soehnel-manufaktur.de

tägl. ab 10 Uhr

Potsdam Griebnitzsee

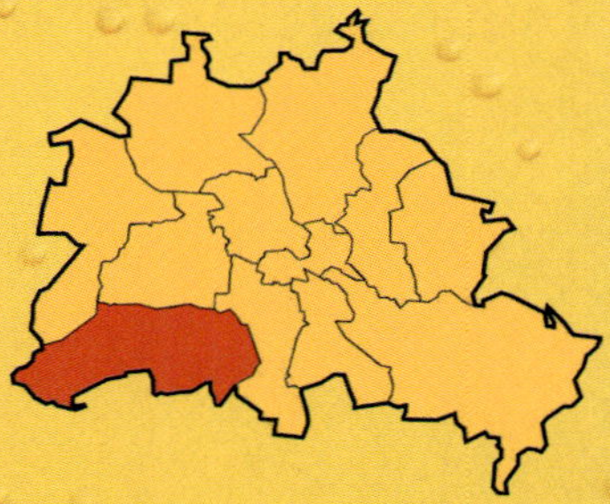

SOPHIEN 11

Sophienstraße 11, 10178 Berlin

030 2832136

www.restauration-sophien11.de

So-Di ab 16 Uhr, Mi-Sa ab 12 Uhr

Weinmeisterstraße

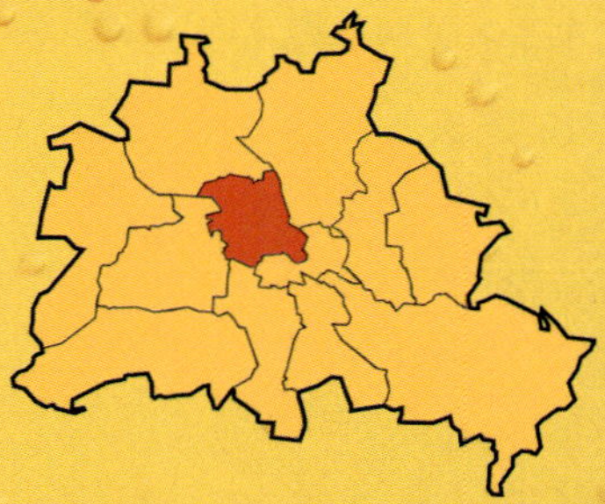

STÄNDIGE VERTRETUNG

Schiffbauerdamm 8, 10117 Berlin

030 2823965

www.staev.de

tägl. ab 10.30 Uhr

Friedrichstraße

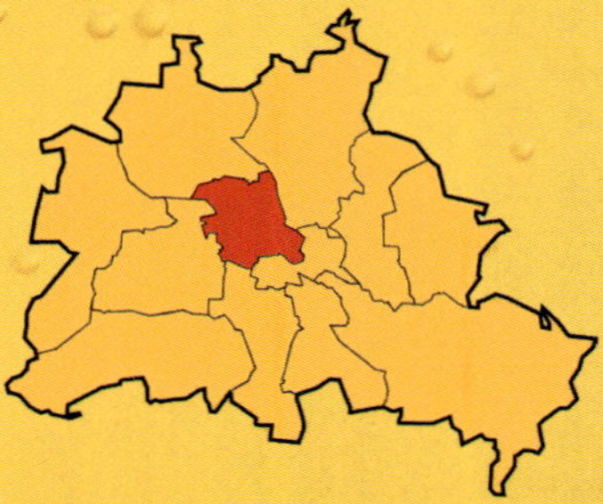

THE ANTLERED BUNNY

Oderstraße 7, 10247 Berlin

030 66405300

www.auntbenny.com

Di-Fr ab 18 Uhr, Sa/So ab 13 Uhr

S/U Frankfurter Allee

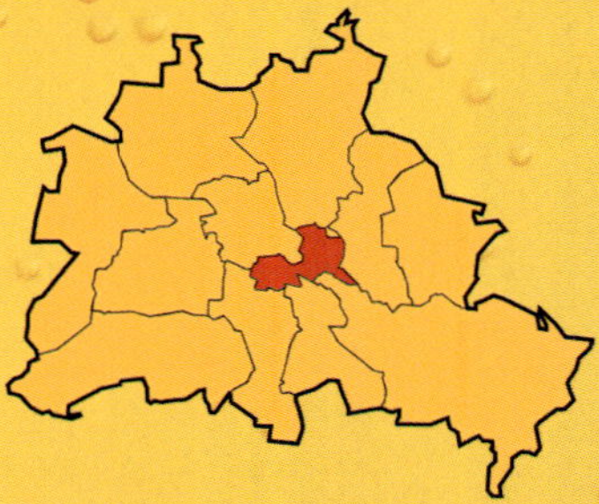

THE BIRD

Am Falkplatz 5, 10437 Berlin

030 51053283

www.thebirdinberlin.com

Mo-Do ab 18 Uhr, Fr ab 17 uhr, Sa/So ab 12 Uhr

Schönhauser Allee

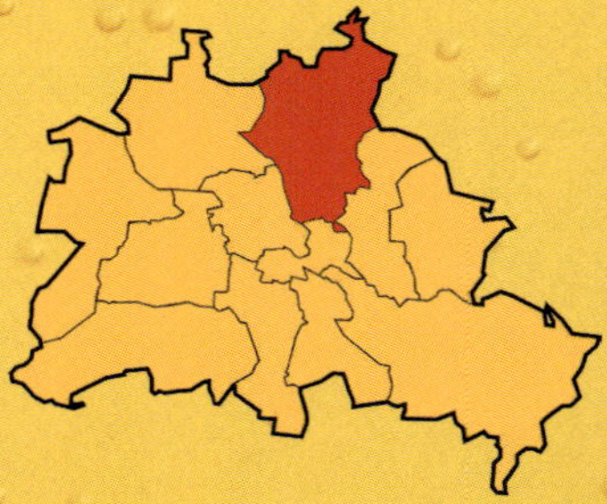

TIERGARTENQUELLE

Bachstraße 6, 10555 Berlin

030 24728727

www.tiergartenquelle.de

Mo-Fr ab 16 Uhr, Sa/So ab 12 Uhr

Tiergarten

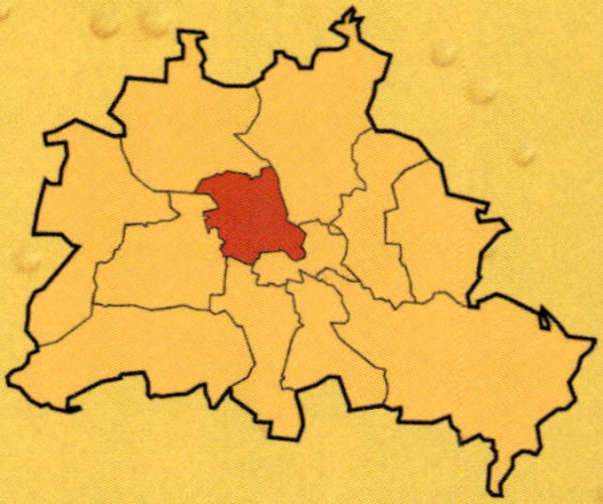

VALENTIN

Hasenheide 49, 10967 Berlin

030 54813167

www.valentin-kreuzberg.de

tägl. ab 15 Uhr

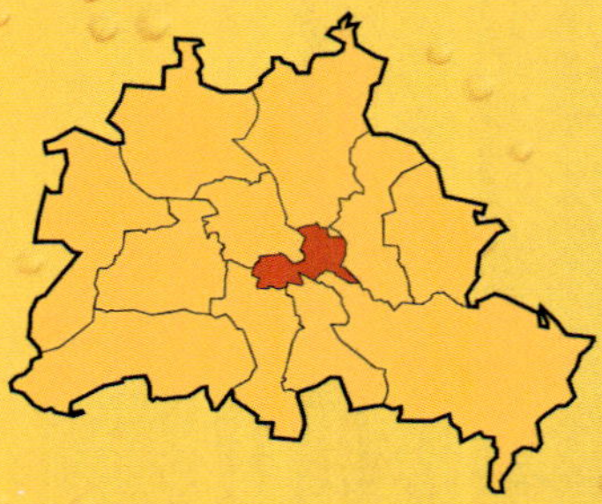

U Südstern

VOGT'S BIEREXPRESS

Mehringdamm 32, 10961 Berlin

030 2512529

www.vogts-bierexpress.de

Mo-Sa ab 9 Uhr, So ab 10 Uhr

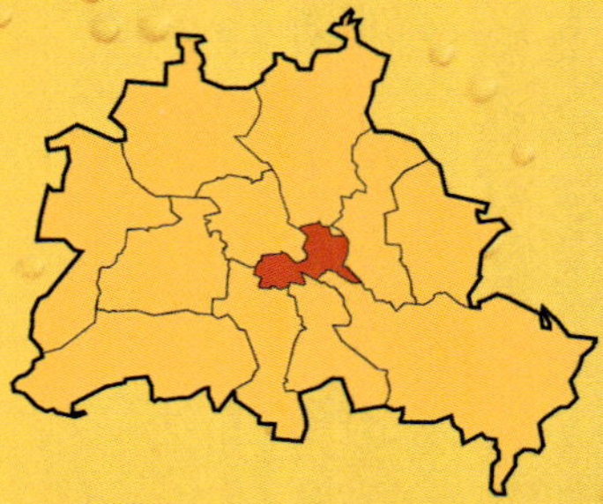

U Mehringdamm

WEISSE VILLA

Josef-Nawrocki-Straße 10, 12587 Berlin

030 64095646

www.weissevilla.com

tägl. ab 11 Uhr

Friedrichshagen

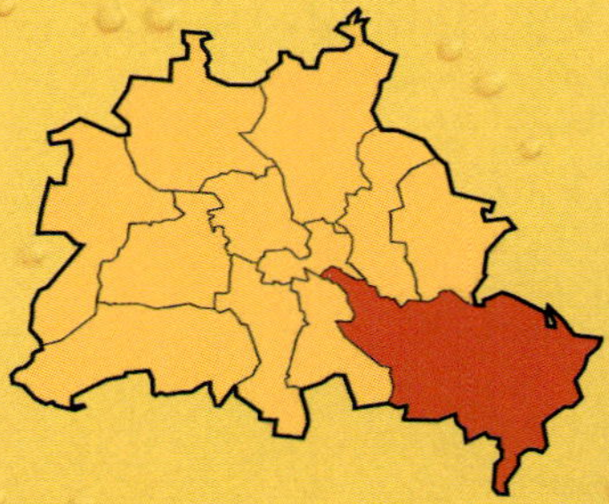

WILHELM HOECK

Wilmersdorfer Straße 149, 10585 Berlin

030 3418174

www.wilhelm-hoeck.de

Mo-Sa ab 11 Uhr

Bismarckstraße

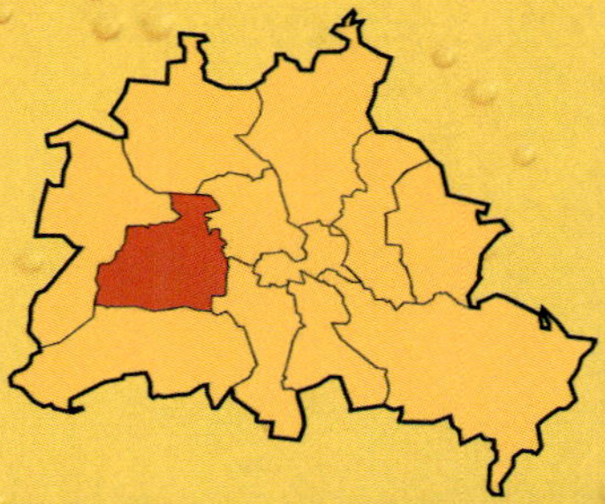

WILLNER BRAUEREI

Berliner Straße 80-82, 13189 Berlin

www.wbb-pankow.de

Mo-Fr 15-22 Uhr, Sa/So 12-22 Uhr

U Vinetastraße

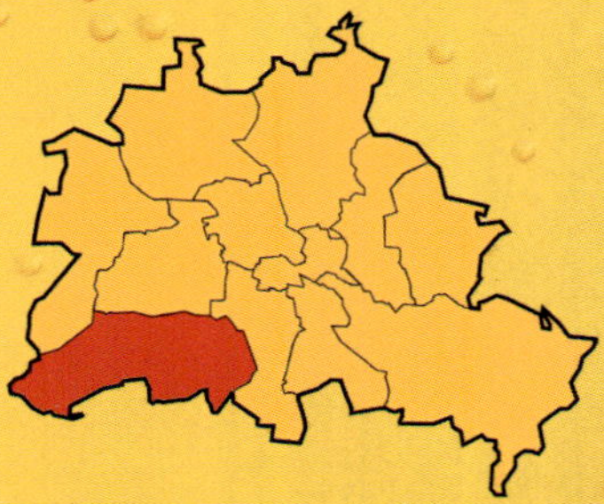

YORCKSCHLÖSSCHEN

Yorckstraße 15, 10965 Berlin

030 2158070

www.yorckschloesschen.de

Mo-Sa ab 17 Uhr, So ab 10 Uhr

U Mehringdamm

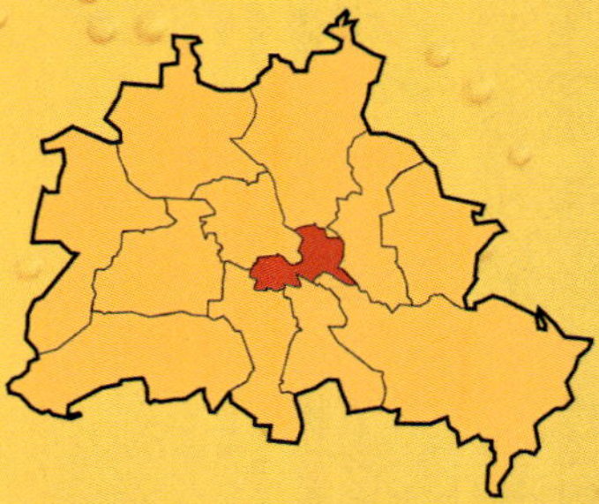

ZILLEMARKT

Bleibtreustraße 48a, 10623 Berlin

030 881740

www.zillemarkt.de

Mo-Fr ab 12 Uhr, Sa/So ab 10 Uhr

Savignyplatz

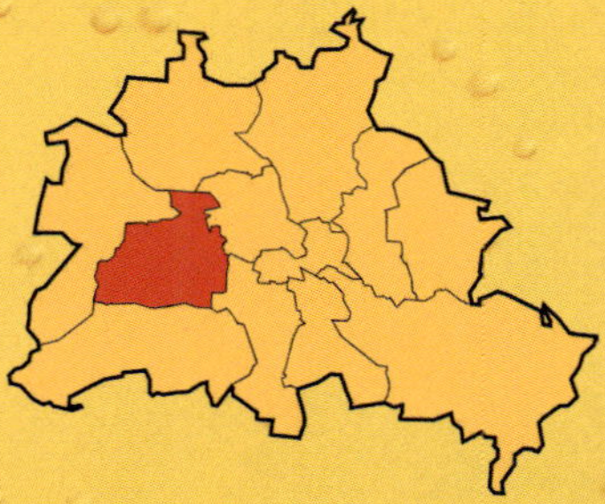

ZUR GARDESTUBE

Rosenstraße 3, 12555 Berlin

030 64197431

www.gardestube.de

Mo 16-22 Uhr, Di-Sa 10-22 Uhr

Spindlersfeld

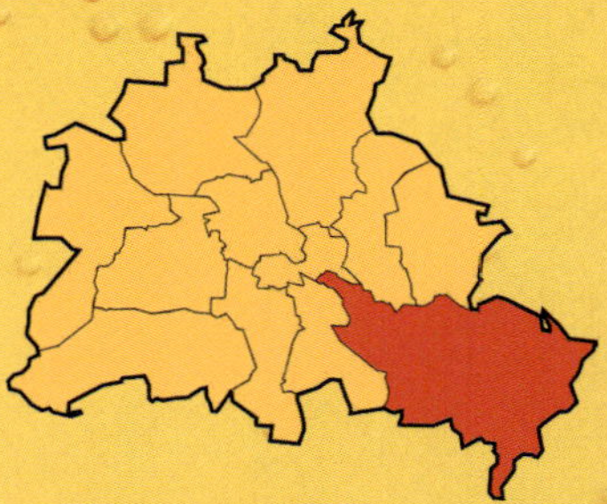

ZUR KLEINEN MARKTHALLE

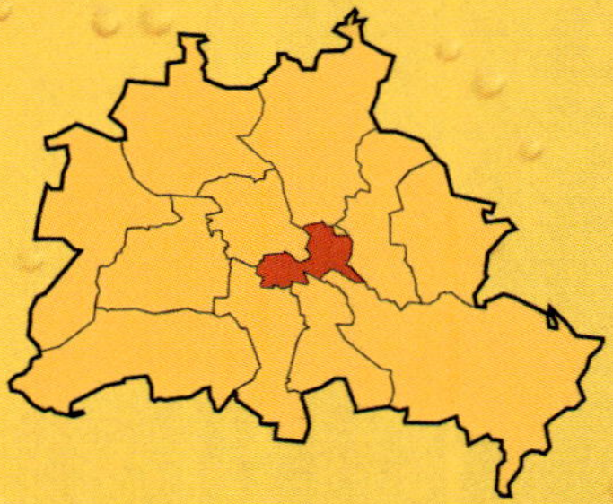

Legiendamm 32, 10969 Berlin

030 6142356

www.zur-kleinen-markthalle.de

Mo-Sa ab 16 Uhr, So ab 12 Uhr

U Moritzplatz

ZUR LETZTEN INSTANZ

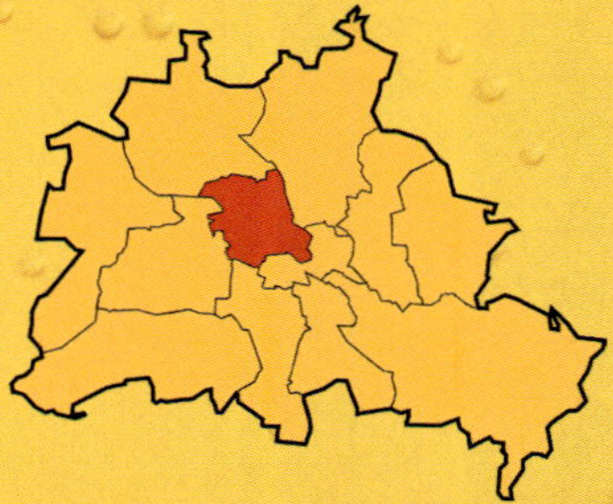

Waisenstrasse 14-16, 10179 Berlin

030 2425528

www.zurletzteninstanz.com

Mo-Sa ab 12 Uhr

U Klosterstraße

5 ZIEGEN

Lychener Straße 63, 10437 Berlin
Prenzlauer Berg
0176 21973092
tägl. ab 20 Uhr
Eberswalder Straße

ABSINTHDEPOT

Weinmeisterstraße 4, 10178 Berlin
Mitte
030 2816789
Mo-Sa ab 14 Uhr
Weinmeisterstraße

ALKOPOLE BIERBAR

Bahnhof Alexanderplatz, 10178 Berlin
Mitte
030 24729970
tägl. ab 10 Uhr
S/U Alexanderplatz

ALOIS S.

Senefelder Straße 18, 10437 Berlin
Prenzlauer Berg
030 44719680
Mo-Fr ab 16 Uhr, Sa ab 14 Uhr, So ab 10 Uhr
Prenzlauer Allee

ALT BERLINER BIERSALON

Kurfürstendamm 255, 10771 Berlin
Charlottenburg-Wilmersdorf
030 8843990
tägl. 0-24 Uhr
Uhlandstraße

ALT BERLINER WEISSBIERSTUBE

Rathausstraße 21, 10178 Berlin
Mitte
030 2424454
tägl. ab 11 Uhr
S/U Alexanderplatz

ALT-BERLIN

Münzstraße 23, 10178 Berlin
Mitte
030 2819687
Mo-Sa ab 18 Uhr
Weinmeisterstraße

ALTER KRUG

Königin-Luise-Straße 52, 14195 Berlin
Steglitz-Zehlendorf
030 84319540
tägl. ab 10 Uhr
Dahlem-Dorf

ALTES ZOLLHAUS

Carl-Herz-Ufer 30, 10961 Berlin
Friedrichshain-Kreuzberg
030 6923300
Di-Sa ab 18 Uhr
Prinzenstraße

AM ENDE DER WELT

Scharnhorststraße 5, 10115 Berlin
Mitte
0170 9452101
Di-Sa 9-18 Uhr, So 9-17 Uhr
Schwartzkopffstraße

BECHERECK

Oker Straße 35, 12049 Berlin
Neukölln
0176-21973092
tägl. ab 8 Uhr
Leinestraße

BOOTSHAUS STELLA AM LIETZENSEE

Witzlebenplatz 1, 14057 Berlin
Charlottenburg-Wilmersdorf
030 30127781
tägl. 11-20 Uhr
Sophie-Charlotte-Platz

BRAUEREIGASTSTÄTTE LEIBHAFTIG

Metzer Straße 30, 10405 Berlin
Prenzlauer Berg
030 54815039
Mo-Sa ab 18 Uhr
Senefelder Platz

BRAUHAUS RIXDORF

Glasower Straße 27, 12051 Berlin
Neukölln
030 6268880
Di-Do ab 16 Uhr, Fr-So ab 12 Uhr
Hermannstraße

BRÄUSTÜBL

Müggelseedamm 164, 12587 Berlin
Treptow-Köpenick
030 37446769
Mo-Sa ab 11 Uhr
Friedrichshagen

BRINKS TREFF

Unter den Eichen 58, 12203 Berlin
Steglitz-Zehlendorf
030 84316671
Mo-Fr ab 16 Uhr, Sa/So ab 14.30 Uhr
Lichterfelde West

BÜRGERGARTEN AM BRÄUSTÜBL

Müggelseedamm 164, 12587 Berlin
Treptow-Köpenick
030 37446769
tägl. ab 11 Uhr
Friedrichshagen

CAFÉ BRICKS

Wilhelmstraße 152, 13595 Berlin
Spandau
030 35135171
tägl. ab 9 Uhr
Rathaus Spandau

CAFÉ LENTZ

Stuttgarter Platz 20, 10965 Berlin
Friedrichshain-Kreuzberg
030 3241619
tägl. ab 9 Uhr
Mehringdamm

CLASH

Gneisenaustraße 2a, 10961 Berlin
Friedrichshain-Kreuzberg
030 32526387
Mo-Fr ab 12 Uhr, Sa ab 18.30 Uhr
Mehringdamm

COSMO LOUNGE

Ziegelstraße 28, 10117 Berlin
Mitte
030 27874880
tägl. ab 8 Uhr
Oranienburger Straße

DACHKAMMER

Simon-Dach-Straße 39, 10245 Berlin
Friedrichshain-Kreuzberg
030 29049054
tägl. ab 13 Uhr
/U Warschauer Straße

DESTILLE

Mehringdamm 67, 10961 Berlin
Friedrichshain-Kreuzberg
030 6925124
tägl. ab 12 Uhr
Mehringdamm

DICKER WIRT

Danckelmannstraße 43, 14059 Berlin
Charlottenburg-Wilmersdorf
030 3219942
tägl. ab 15 Uhr
Sophie-Charlotte-Platz

DIE KLEINE WELTLATERNE

Nestorstraße 22, 10709 Berlin
Charlottenburg-Wilmersdorf
030 8926585
Di-Sa ab 20 Uhr
Hohenzollerndamm

DIE TURNHALLE

Holteistraße 6-9, 10245 Berlin
Friedrichshain-Kreuzberg
030 29364816
tägl. ab 11 Uhr
Ostkreuz

DIENER TATTERSALL

Grolmanstraße 47, 10623 Berlin
Charlottenburg-Wilmersdorf
030 8815329
tägl. ab 18 Uhr
Savignyplatz

DUNMORE CAVE

Maybachufer 44, 12047 Berlin
Neukölln
030 6241241
tägl. ab 17 Uhr
Hermannplatz

EIERSCHALE

Podbielskialle 50, 14195 Berlin
Steglitz-Zehlendorf
030 83228387
Mo-Sa ab 12 Uhr, So ab 10 Uhr
Podbielskiallee

ENDDORN

Belfortstraße 27, 10405 Berlin
Prenzlauer Berg
030 4408380
Mo-Sa ab 17 Uhr
Senefelder Platz

FOS BAR

Grüntaler Strasse 9, 13357 Berlin
Mitte
0176 66845984
So-Do ab 17 Uhr, Fr/Sa ab 12 Uhr
U Pankstraße

GLÜHWURM

Südwestkorso 69a, 12159 Berlin
Charlottenburg-Wilmersdorf
030 85102598
Mo-Fr ab 12 Uhr, Sa/So ab 10 Uhr
U Friedrich-Wilhelm-Platz

HACKBARTH'S

Auguststraße 49a, 10119 Berlin
Mitte
030 2827704
tägl. ab 10 Uhr
S Oranienburger Straße

HAX'NHAUS

Alt Tegel 2, 13507 Berlin
Reinickendorf
030 4339034
tägl. ab 10 Uhr
S /U Tegel

HOHLE BIRNE

Mittelstraße 19, 14467 Potsdam
0331 2800715
Mo-Fr ab 17 Uhr, Sa/Sa ab 12 Uhr
S Potsdam

JOHN MUIR

Skalitzer Straße 51, 10997 Berlin
Friedrichshain-Kreuzberg
0174 7462881
tägl. ab 18 Uhr
U Görlitzer Bahnhof

KASCHK

Linienstraße 40, 10119 Berlin
Mitte
0157 81979970
tägl. ab 10 Uhr
U Rosa-Luxemburg-Platz

KASTANIENGARTEN

Nordufer 29, 13351 Berlin
Mitte
030 40059529
tägl. 12-20 Uhr
S Beusselstraße

KEYSER SOZE

Tucholskystraße 33, 10117 Berlin
Mitte
030 28599489
tägl. ab 7.30 Uhr
S Oranienburger Straße

LANGE NACHT

Weise Straße 8, 12049 Berlin
Neukölln
030 62721015
tägl. ab 18 Uhr
U Boddinstraße

LATICHTE

Alt-Reinickendorf 29a, 13407 Berlin
Reinickendorf
030 4952168
Mo-Sa ab 16 Uhr
U Paracelsus-Bad

LINDENGARTEN

Alt-Buckow 15a, 12349 Berlin
Neukölln
030 6041122
Di-Fr ab 16 Uhr, Sa/So ab 12 Uhr
U Johannisthaler Chaussee

LOCH NESS

Roonstraße 31a, 12203 Berlin
Steglitz-Zehlendorf
030 83210289
Di-Sa ab 17 Uhr
S Botanischer Garten

LÖWENBRÄU AM GENDARMENMARKT

Leipziger Straße 65, 10117 Berlin
Mitte
030 20624630
tägl. ab 7 Uhr
U Stadtmitte

LUISE

Königin-Luise-Straße 40-42, 14195 Berlin
Steglitz-Zehlendorf
030 8418880
tägl. ab 10 Uhr
U Dahlem-Dorf

M.S. VÖLKERFREUNDSCHAFT

Schönhauser Allee 20, 10435 Berlin
Prenzlauer Berg
030 44042363
Mo/Di ab 13 Uhr, Mi-So ab 10 Uhr
U Senefelder Platz

MARCUS BRÄU

Münzstraße 1-3, 10178 Berlin
Mitte
030 2476985
tägl. ab 12 Uhr
S/U Alexanderplatz

MAXIMILIANS

Friedrichstraße 185-190, 10117 Berlin
Mitte
030 20450559
tägl. ab 11 Uhr
U Stadtmitte

MEIN HAUS AM SEE

Torstraße 125, 10119 Berlin
Mitte
0163 5558033
tägl. 0-24 Uhr
U Rosenthaler Platz

METZER ECK

Metzer Straße 33, 10405 Berlin
Prenzlauer Berg
030 4427656
Mo-Sa ab 16 Uhr
U Senefelder Platz

MICHELBERGER HONOLULU

Warschauer Straße 39/40, 10243 Berlin
Friedrichshain-Kreuzberg
030 29778590
Hotelbar
S/U Warschauer Straße

MITTMANN'S

Rungestraße 11, 10179 Berlin
Mitte
030 2793502
Mo-Fr ab 11 Uhr, Sa ab 17.30 Uhr
S/U Jannowitzbrücke

MONTEREY BAR

Danziger Straße 61, 10435 Berlin
Prenzlauer Berg
0162 8198264
tägl. ab 17 Uhr
S Prenzlauer Allee

MUTTER HOPPE

Rathausstraße 21, 10178 Berlin
Mitte
030 2415625
tägl. ab 11.30 Uhr
S/U Alexanderplatz

NEU HELGOLAND

Neuhelgoländer Weg 1, 12559 Berlin
Treptow-Köpenick
030 6598247
tägl. ab 11 Uhr
S Rahnsdorf

PLÖTNERS DESTILLE

Anton-Saefkow-Platz 8, 10369 Berlin
Lichtenberg
030 98194427
So-Fr ab 17 Uhr, Sa ab 15 Uhr
S Landsberger Allee

QUELLECK

Chausseestraße 12, 10115 Berlin
Mitte
030 25762617
tägl. ab 8.30 Uhr
U Oranienburger Tor

REPUBLIK FRANK UND FREI

Köpenicker Str.aße 74, 10179 Berlin
Mitte

Mo-Sa ab 15 Uhr
S Ostbahnhof

RESONANZ

Ebersstraße 66, 10827 Berlin
Tempelhof-Schöneberg
030 7814634
tägl. ab 17 Uhr
S Schöneberg

REUTERSTUBEN

Weserstraße 6, 12047 Berlin
Neukölln
030 62732883
tägl. ab 12 Uhr
U Hermannplatz

ROTE BEETE

Gleditschstraße 71, 10781 Berlin
Tempelhof-Schöneberg
030 23635011
tägl. ab 15 Uhr
Kleistpark

SANDMANN

Reuterstraße 7/8, 12053 Berlin
Neukölln
030 6233538
tägl. ab 19 Uhr
Rathaus Neukölln

SCHILLERKLAUSE

Am Schillertheater 1, 10625 Berlin
Charlottenburg-Wilmersdorf
030 3135996
tägl. ab 16 Uhr
Ernst-Reuter-Platz

SCHILLING

Weserstraße 9, 12047 Berlin
Neukölln
030 89208295
tägl. ab 18 Uhr
Hermannplatz

SCHMITZ KATZE

Oranienstraße 163, 10969 Berlin
Friedrichshain-Kreuzberg
030 70715042
tägl. ab 15 Uhr
Moritzplatz

SCHÖNEBERGER WELTLATERNE

Motzstraße 61, 10777 Berlin
Tempelhof-Schöneberg
030 21969861
tägl. ab 17 Uhr
Victoria-Luise-Platz

SOPHIENECK

Große Hamburger Straße 37, 10115 Berlin
Mitte
030 2834065
tägl. ab 12 Uhr
Oranienburger Straße

STRASSENBAHN

Laubacher Straße 29, 14197 Berlin
Charlottenburg-Wilmersdorf
030 8217629
tägl. ab 16 Uhr
Bundesplatz

THÜRINGER STUBEN

Stargarder Straße 28, 10437 Berlin
Prenzlauer Berg
030 4463339
Mo-Fr ab 16 Uhr, Sa/So ab 12 Uhr
Prenzlauer Allee

TWINPIGS

Boddinstraße 57a, 12053 Berlin
Neukölln
Di-So ab 19 Uhr
Rathaus Neukölln

VOLTA

Brunnenstraße 73, 13355 Berlin
Mitte
0176 77556422
Mo-Sa ab 18 Uhr
Voltastraße

W. PRASSNIK MANGELWIRTSCHAFT

Torstraße 65, 10119 Berlin
Mitte
030 41715120
Sa 9-18 Uhr, So-Fr ab 19 Uhr
Rosa-Luxemburg-Platz

WALDHAUS ZEHLENDORF

14169 Berlin
Steglitz-Zehlendorf
030 8137575
Mo-Fr ab 17 Uhr, Sa ab 12 Uhr, So ab 10 Uhr
Onkel Toms Hütte

WALDRESTAURANT MÜGGELHORT

Straße zum Müggelhort 1, 12559 Berlin
Treptow-Köpenick
030 6592590
Mo-Fr ab 11 Uhr, Sa/So ab 10 Uhr
Rahnsdorf

WEISSES RÖSSL

Heinersdorfer Straße 15, 12209 Berlin
Steglitz-Zehlendorf
030 7723030
tägl. ab 11 Uhr
Osdorfer Straße

WESTEND KLAUSE

Reichsstraße 80, 14052 Berlin
Charlottenburg-Wilmersdorf
030 30328471
Mo-Fr ab 16 Uhr, Sa ab 12 Uhr, So ab 14 Uhr
Neu-Westend

WILLY BRESCH

Danziger Straße 120, 10407 Berlin
Prenzlauer Berg
030 4250905
tägl. ab 9 Uhr
Greifswalder Straße

ZUM BÖHMISCHEN DORF

Sanderstraße 11, 12047 Berlin
Friedrichshain-Kreuzberg
030 4447967
tägl. ab 17 Uhr
Schönleinstraße

ZUM FRANZISKANER

Dresdner Straße 17, 10999 Berlin
Friedrichshain-Kreuzberg
030 61609761
tägl. ab 14 Uhr
Kottbusser Tor

ZUM LEIBARZT

Conrad-Blenkle-Straße 61, 10407 Berlin
Prenzlauer Berg
0176 48783817
tägl. ab 16 Uhr
Landsberger Allee

ZUM MAGENDOKTOR

Reinickendorfer Straße 111, 13347 Berlin
Mitte
030 4619645
tägl. 0-2414 Uhr
Wedding

ZUM PADDENWIRT

Nikolaikirchplatz, 10178 Berlin
Mitte
030 2426382
tägl. ab 12 Uhr
Klosterstraße

ZUM SCHUSTERJUNGEN

Danziger Straße/Schönhauser Allee, 10435 Berlin
Prenzlauer Berg
030 4427654
tägl. ab 12 Uhr
Eberswalder Straße

ZUR GERICHTSLAUBE

Poststraße 28, 10178 Berlin
Mitte
030 2415697
tägl. ab 11.30 Uhr
Klosterstraße

ZWIEBELFISCH

Savignyplatz 7, 10623 Berlin
Charlottenburg-Wilmersdorf
030 3127363
Mo-Sa ab 12 Uhr
Savignyplatz

ZYANKALIBAR

Gneisenaustraße 17, 10961 Berlin
Friedrichshain-Kreuzberg
030 68830170
tägl. ab 16 Uhr
Mehringdamm

WELTMEISTER

METRO

GENUSS, GESCHICHTE, VERANTWORTUNG

Im Juli 1871, der Deutsch-Französische Krieg war gerade beendet, versammelten sich in Dresden rund 1000 Brauer. Sie kamen aus allen Ländern des Deutschen Kaiserreiches, aus Österreich-Ungarn, dem Russischem Kaiserreich, aus Schweden, Belgien, Frankreich, aus der Schweiz und den USA - aber sie hatten ein gemeinsames Ziel: die Gründung eines starken Verbandes, der ihre Interessen vertritt. So entstand der Deutsche Brauer-Bund - heute eine der ältesten Interessenvertretungen der Republik.

Der Deutsche Brauer-Bund (DBB) mit Sitz am Bahnhof Friedrichstraße in Berlin vertritt die Interessen der gesamten Brauwirtschaft. Unter seinen Mitgliedern finden sich kleine, mittlere und große Familienbetriebe mit zum Teil jahrhundertelanger Geschichte ebenso weltbekannte Braugruppen oder junge Craftbrauer, die gerade eine neue Brauerei aufbauen. Der DBB und seine Regionalverbände verstehen

ENJOYMENT, HISTORY, RESPONSIBILITY

In July 1871, the Franco-German-War was just over, as about 1.000 brewers gathered in Dresden. They came from all countries of Germany, from Austria-Hungary, the Russian Empire, from Sweden, Belgium and France as well as from Switzerland and the US - but they had a common goal: the establishment of a strong association that represents their interests. The Deutscher Brauer-Bund was founded – today one of Germany's oldest representative bodies.

The German Brewers' Association (Deutscher Brauer-Bund - DBB), based in Berlin near Friedrichstrasse, represents the interests of the entire German brewing industry. Among its members there are small, medium and large family businesses partly with age-long history just as world-famous brewing groups or young craft brewers who just now establish new breweries. The DBB and its regional organizations see themselves as service providers: They advise breweries in all legal

Die deutschen Brauer

Deutscher Brauer-Bund e.V.

sich als Dienstleister: Sie beraten Brauereien bei allen rechtlichen oder technischen Fragestellungen und setzen sich auf politischer Ebene bei Bund und Ländern sowie in Brüssel dafür ein, dass alle Brauereien optimale Rahmenbedingungen erhalten.

Die deutschen Brauer stehen für weltbekannte, hochwertige Biere in einer einzigartigen Vielfalt – und für gesellschaftliche Verantwortung. Die Brauer setzen sich aktiv ein für Aufklärung und Prävention.

Mit der Dachkampagne BIER BEWUSST GENIEẞEN bekennt sich die Branche zum verantwortungsvollen Genuss von Bier.

Mit der Jugendschutzkampagne BIER? SORRY, ERST AB 16 soll vor allem Verkaufspersonal sensibilisiert und die Einhaltung der geltenden Gesetze unterstützt werden.

Mit der erfolgreichen Fahrsicherheitskampagne DON´T DRINK AND DRIVE senden die deutschen Brauer eine klare Botschaft an alle Verbraucher: Kein Alkohol am Steuer!

or technical issues. They also advocate politically on state and national level as well as in Brussels on the international level to obtain optimal business conditions for all breweries in Germany.

The German brewers stand for world-famous, high quality beers in a unique variety – and for social responsibility. The German brewers are committed to actively promote education and prevention of alcohol-related harm.

With the umbrella campaign ENJOY BEER RESPONSIBLY the brewers are committed to the responsible enjoyment of beer.

The youth protection campaign BEER? SORRY, ONLY FROM 16 aims to sensitize especially sales staff aware and support them in compliance with applicable laws.

With the successful road safety campaign DON'T DRINK AND DRIVE the German brewers are sending a clear message to all consumers: No drinking and driving!

MEHR: WWW.BRAUER-BUND.DE

Weihenstephan
URSPRUNG DES BIERES

HAUPTSTADT-BIERMEILE

Das internationale Berliner Bierfestival, kurz Berliner Biermeile genannt, findet immer am ersten Wochenende im August statt. Mit über zwei Kilometern Länge ist es der längste Biergarten der Welt, auf dem Hunderte Brauereien aus aller Welt ihre Biere präsentieren.

THE CAPITOLS BEER FESTIVAL

The International Berlin Beer Festival, more typically known as "the Berliner Biermeile" (the Berlin Beer Mile), takes place on the first weekend in August every year. Its vast length (over 2km), has earned it a place in the record books as "the longest beer garden in the world," with 100+ breweries from around the world making their wares available for eager beer drinkers to happily consume.

MEHR: WWW.BIERFESTIVAL-BERLIN.DE

www.neeb-werbesysteme.de

Gasthof Zwönitz

KASTEEL bier

JEVER
Friesisch-herb

Das beste Kellerbier EUROPAS
Einmalig!

ERMAN
RAFT
ecles Bier
7,-

Herzlich
Lipsi

PALAST BERLIN
Europe's Show Palace
Ab 7. Oktober
THE WYLD
030 - 2326 2326
www.palast-berlin.eu
Weihenstephan
O'ZAPF IS

Große
Bauernbratw
Schinkenwurs
kbrate

13

KIRSCH
Porter
Porter
SCHWARZES

Kartoffel-ecken
Ofen-kartoffeln
Kartoffelpuffer
Crêpes
Kaffee
Reibekuchen
Kartoffelpuffer
Backkartoffeln
BESTES
MÄRZEN-BIER
Kartoffelpuffer
Backkartoffeln
Kartoffelecken
Kaffee
FREE BIKER

CRAFT-BEER-GLÄSER: VON EXPERTEN ENTWICKELT

Die Craft-Beer-Gläser von Spiegelau wurden zusammen mit einem Expertenteam aus Braumeistern und Spezialisten der Bierbranche entwickelt. Mit dem Ziel, die Glasformen zu finden, die den komplexen Geschmacksprofilen der handwerklich gebrauten Sorten India Pale Ale, American Wheat Beer und Stout am besten gerecht werden, wurden in Workshops eine hohe Anzahl Glasformen getestet.

Den Experten zufolge gelingt es, dank der von ihnen erprobten und speziell auf die Biersorte abgestimmten Glasformen, die Aromen an Nase und Zunge balanciert weiterzugeben sowie Geschmack und Textur der Biere optimal darzustellen.

Getreu unseren Wurzeln in der traditionellen bayerischen Handwerkskunst, haben wir diese einzigartigen, funktionellen Gläser für Craft-Biere entwickelt, um bei jedem Schluck einen besonderen Genussmoment zu erreichen. Besondere Biere sollten in besonderen Gläsern serviert werden! Prost!

CRAFT BEER GLASSES TASTING APPROVED

The Spiegelau Craft Beer Glasses have been approved by an expert tasting panel of master brewers and industry professionals. Focusing on beer enjoyment, members of the tasting workshop tested multiple glass shapes to find the best glass for India Pale Ale, American Wheat Beer and Stout.

In the experts' opinion, the custom-shaped glasses successfully deliver the complexity of aromas on the nose while demonstrating the optimum beer texture, balance and flavor intensity on the palate. Staying faithful to the spirit of Bavarian artisan craftsmanship, we have created these unique, functional glasses to bring out the best in complex craft beers. Like our expert tasting panel, we believe that craft beers deserve crafted glasses. Cheers!

DAS BERLINER BIERMUSEUM

THE BERLIN-BEER-MUSEUM

Im deutschen Technikmuseum können die Besucher eine Führung durch eine original erhaltene Brauerei aus dem Jahr 1909 besichtigen. Spektakulär ist auch das Gebäude, ein ehemaliges Lagerhaus der Nürnberger Tucher Brauerei.

In the German Museum of Technology (Technikmuseum), visitors can take a tour through a historically preserved brewery dating back to 1909. Just as spectacular as the tour is the building in which it is housed, which was at one time the lager house for the Nürnberger Tucher brewery.

ANSCHRIFT/KONTAKT:

Deutsches Technikmuseum
Trebbiner Straße 9
10963 Berlin
Telefon: 030 902540
www.sdtb.de

ÖFFNUNGSZEITEN:

Dienstag bis Freitag: 9 - 17.30 Uhr
Samstag / Sonntag: 10 - 18 Uhr

MEHR: WWW.SDTB.DE

DAS BERLINER BRAUEREI-INSTITUT

Nicht nur das Bier sondern auch die Brauwissenschaften blicken in Berlin auf eine lange Tradition zurück. Bereits 1883 – also vor mehr als 130 Jahren – wurde die Versuchs- und Lehranstalt für Brauerei in Berlin (VLB) gegründet – ein bis heute privat getragenes Forschungsinstitut für die Brau-, Malz- und Getränkeindustrie. Mit rund 130 Mitarbeiterinnen und Mitarbeitern gehört die VLB Berlin zu den national und international führenden unabhängigen Kompetenz-Zentren für anwendungsorientierte Forschung, Ausbildung und Dienstleistung für die Brau- und Getränkebranche und ihrer vor- und nachgelagerten Bereiche.

Das Angebotsspektrum reicht von Bier- und Getränkeanalytik über Beratung und Forschung bis hin zu speziellen Dienstleistungen wie z.B. die Hefereinzucht-Bank. Eine wichtige Aufgabe des gemeinnützigen Vereins ist die Weiterbildung. Hier bietet die VLB verschiedene Kurse für Brauer und Spirituosenhersteller an. Insbesondere der englisch-sprachige „VLB Certified Brewmaster Course" zieht seit Jahren angehende Braumeister aus der gesamten Welt für sechs Monate nach Berlin. Damit leistet die VLB einen wichtigen Beitrag auch für die hohe Reputation des deutschen Bieres und des deutschen Brauwissens weltweit. Darüber hinaus unterstützt die VLB seit mehr als 100 Jahren auch aktiv die Berliner Universitäten im Bereich der akademischen Lehre und Ausbildung im Brauwesen. So werden

THE BERLIN INSTITUTE FOR BREWING

Not only the beer but also the Brewing Sciences in Berlin look back on a long tradition. Already more than 130 years ago, the Versuchs- und Lehranstalt für Brauerei in Berlin (VLB) (Research and Teaching Institute for Brewing in Berlin) was founded in 1883 – until today a privately funded research institute for the brewing, malting and beverage industries. With around 130 employees, VLB Berlin is one of the leading nationally and internationally independent competence centers for application-oriented research, training and services for the brewing and beverage industries, their suppliers and its upstream and downstream sectors.

The spectrum ranges from beer and beverage analysis and consultancy and research up to specialized services such as the bank for pure yeast cultures. An important objective of the non-profit organization is the continuing education. Here, the VLB offers various courses for brewers and distillers. In particular, the English "VLB Certified Brewmaster Course" has attracted for years prospective brewmasters from around the world to Berlin for six months. With this the VLB contributes also for the high reputation of German beer and brewing knowledge worldwide. In addition, the VLB has also actively supported the Berlin universities in the field of academic teaching in brewing technology for more than 100 years. Today the Technische Universität Berlin offers university study cour-

VLB BERLIN

Versuchs- und Lehranstalt für Brauerei in Berlin

über die TU Berlin die universitären Studiengänge zum Diplom-Braumeister und das Bachelor- bzw. Master-Studium „Brauerei- und Getränketechnologie" angeboten und durchgeführt.

Von 1891 bis 1982 betrieb die VLB Berlin an der Seestraße 13 auch die „Hochschul-Brauerei", die in den 1920er-Jahren fast 45.000 hl Jahresausstoß verzeichnete. Der Braubetrieb wurde allerdings 1981 eingestellt. Heute ist im alten Kellereigebäude der Hochschul-Brauerei die VLB-Studienbrauerei untergebracht. Das moderne 1,5 hl-Sudwerk mit Gärung, Filtration sowie Flaschen-/Keg-Abfüllung wird im Rahmen von Fortbildungsveranstaltungen und für Forschungs- und Entwicklungszwecke eingesetzt. Außerdem unterhält die VLB am Standort eine Pilotmälzerei, in der Getreidechargen von 50 g bis 30 kg vermälzt werden können. Im Bau befindet sich derzeit ein komplett neues Institutsgebäude, das von der VLB voraussichtlich 2016 in Betrieb genommen werden wird.

Ebenfalls an der Seestraße 13 beheimatet ist die Berliner Brauerzunft e.V. Gegründet von Studenten und Mitarbeitern der VLB Berlin und der TU Berlin hat diese die Förderung von Traditionen und Brauchtum im Brauerhandwerk sowie die Unterstützung des Nachwuchses im Brauerberuf zum Ziel.

ses for "Diplom-Braumeister" and for the Bachelor's or Master's degree in "Brewing and Beverage Technology".

From 1891 to 1982, the VLB Berlin also had conducted the "Hochschul-Brauerei" (University Brewery) at its premises at the Seestrasse, which recorded almost 45,000 hl annual production in the 1920s. The brewing operation, however, was closed down in 1981. Today, the VLB pilot brewery is located in one of the old buildings of the Hochschul-Brauerei. The modern 1.5 hl brewhouse with fermentation, filtration and bottle/keg fillers is used as part of training courses and for several research and development projects. In addition, the VLB operates a pilot malting, which can process cereal batches of 50 g up to 30 kg. Currently under construction is a completely new building, which will be expected to be put into operation by the VLB in 2016.

Also located on the Seestrasse 13 is the "Berliner Brauerzunft e.V." (Berlin Brewers' Guild). Founded by students and staff of the VLB Berlin and the Technical University of Berlin, its purpose is the promotion of traditions of craft brewers and to support the next generation of professional brewers.

MEHR: WWW.VLB-BERLIN.ORG | WWW.BRAUERZUNFT.DE | WWW.BRAUWESEN.TU-BERLIN.DE

ZUVERLÄSSIGER WEGBEGLEITER FÜR DIE CRAFT BREWER

Weyermann® Malz, die Bamberger Spezialmalzmanufaktur mit 135 Jahren Familientradition, begleitet die Berliner Brauereien zum Teil seit ihrer Gründung mit Rat und Tat. Mit einer Malzklaviatur von über 85 verschiedenen Produkten bietet Weyermann® Malz ein riesiges Portfolio für die ausgefallensten und individuellsten Bierspezialitäten. Gerne stehen die Experten von Weyermann® Malz – insgesamt 15 Biersommeliers! – allen Weyermann® Kunden in 135 Ländern dieser Welt zur Seite, um das für sie passende Bier zu kreieren. Selbstverständlich gehört da auch die deutsche Bundeshauptstadt Berlin, in der sich die ersten Gasthausbrauereien Deutschlands etabliert haben, zum Schaffenskreis des Bamberger Traditionsunternehmens.

173 verschiedene Biersorten

Wie viele und welche verschiedenen Biersorten mit den Weyermann® Spezialmalzen gebraut werden können, beweist Weyermann® Malz täglich in der Weyermann® Braumanufaktur. Insgesamt 173 verschiedene Biersorten (Auftragssude nicht mitgezählt!) wurden hier gebraut seit der Installation der Weyermann® Braumanufaktur – 2003 als erste dieser Art in Deutschland! An dieser hohen Zahl erkennt man das große Anliegen von Weyermann® Malz, die Braubranche und vor allem die kreativen Craft brewer auf die vielen offenen Möglichkeiten bei Rezeptentwicklungen aufmerksam zu machen.

Bronze beim European Beer Star für Weyermann® Roggenbier

Den Erfolg der Weyermann® Bierspezialitäten hat gerade erst der European Beer Star 2014 gezeigt. Das Weyermann® Bier „Bamberg Rogg´t" wurde dabei mit Bronze ausgezeichnet. Es handelt sich um ein vollmundiges kastanienbraunes Roggenbier mit 45 % dunklem Weyermann® Roggenmalz. Das Weyermann® Siegerbier überzeugte mit seinem brotartigen Charakter, welches an Nuss- und Nou-

gat-Aromen erinnert, sowie seinem fast schon sahnigen Mundgefühl, das von einer frechen Perlage abgelöst wird.

Zuverlässiger Wegbegleiter der Craft Brewer Szene

Begonnen hat die Geschichte von Weyermann® Malz als Wegbegleiter der Craft Brewer Szene 1996, als Sabine Weyermann und Thomas Kraus-Weyermann, Weyermann® Geschäftsleitung vierte Generation, das erste Mal eine Brauermesse in den USA besucht haben. Damals erkannten sie sofort den Trend des Craft Brewing. Von da an war Weyermann® Malz immer öfter die „Seele des Bieres" in handwerklich gebrauten Bieren von kreativen Braumeistern, die gerne neue Bierrezepte ausprobieren wollten.

Bis heute ist sind die Weyermann® Spezialmalze von bester Qualität gepaart mit der persönlichen, freundschaftlich-vertrauensvollen Begleitung der Kunden nach bester Weyermann® Firmenphilosophie für Craft brewer weltweit der Garant für den eigenen Erfolg. Nicht zuletzt ist diese Bierrevolution erst durch eine weitere Innovation von Weyermann® Malz möglich geworden: das bewusste Abpacken von Weyermann® Spezialmalz in 25 kg Säcken. Qualität, Vielfalt, Zuverlässigkeit und Kreativität – das sind die Punkte, die Weyermann® Malz und die Berliner Gasthausbrauer auch in Zukunft weiter eng verbunden sein lassen werden. Wir freuen uns darauf!

MEHR: WWW.WEYERMANN.DE

Brauerei / Tipp		Seite
#	5 Ziegen	252
A	Absinthdepot	252
	Alkopole Bierbar	252
	Alois S.	252
	Alt Berliner Biersalon	252
	Alt Berliner Weißbierstube	252
	Alt-Berlin	252
	Alte Börse Marzahn	18
	Alter Krug	252
	Altes Zollhaus	252
	Am Ende der Welt	252
	Ambrosetti	196
	Andreas Bogk	22
	Aufsturz	197
	August Fengler	226
	Augustiner	226
	Aunt Benny	227
B	Badfish Bar	227
	Bechereck	253
	Berlin Beer Academy	198
	Berlin Beer Shop	199
	Berliner Republik	228
	Berliner-Kindl-Schultheiss-Brauerei	28
	Bierfabrik	42
	Bierhof Rüdersdorf	228
	Bierkombinat Kreuzberg	201
	Bierlieb	200
	Blaumilchkanal	229
	Bootshaus Stella am Lietzensee	253
	Bornholmer Hütte	229
	Brachvogel	230
	Brauerbund	266

JETZT
NEU!
Bastian Böttner & Markus Raupach
GUIDE MEDIA
Bier aus Bayern
Bavarian Beer Guide
Alle Brauereien und ihre Gasthöfe - All breweries and their brewpubs
Specials:
English content
Smartphone Extras
... plus Bier-Atlas!
DB
Bier.BY
das bayerische bier-erlebnisportal
Aus dem Hause
NÜRNBERGER Nachrichten

Markus Raupach und Bastian Böttner
Bier.BY
Bayerischer Bier-Atlas
Unterfranken
Oberfranken
Mittelfranken
Oberpfalz
Niederbayern
Schwaben
Oberbayern
Kartenausschnitte mit Seitenzahl im Atlas
Beilage aus dem Buch „Bier aus Bayern" von Bastian Böttner und Markus Raupach
Aus dem Hause NÜRNBERGER Nachrichten
Ingolstadt
München

Missen im Allgäu
Schwaben
Brauerei Schäffler Hanspeter Grassl KG
Schäffler Bräu
DB
335

BERLIN? BAYERN? BIER!

Im Buch „Bier aus Bayern - Bavarian Beer Guide", das erstmals die gesamte bayerische Bierkultur mit allen Brauereien und ihren Gasthöfen zum Inhalt hat, haben wir, Bastian Böttner und Markus Raupach, die aktuell noch selbst brauenden Betriebe anschaulich portraitiert.

Das Ergebnis: Knapp 600 Braustätten in den sieben Regierungsbezirken, dazu viele Museen und typisch bayerische Bierfeste werden auf insgesamt 672 Seiten vorgestellt. Das Buch enthält zudem einen herausnehmbaren Bier-Atlas mit kompletter Landkarte von Bayern und allen Brauereien auf 32 Seiten. Bei der Gestaltung wurde sehr stark mit Bildern und Icons gearbeitet, so dass der Brauereiführer ein absolutes „must have" für das internationale bieraffine Publikum darstellt.

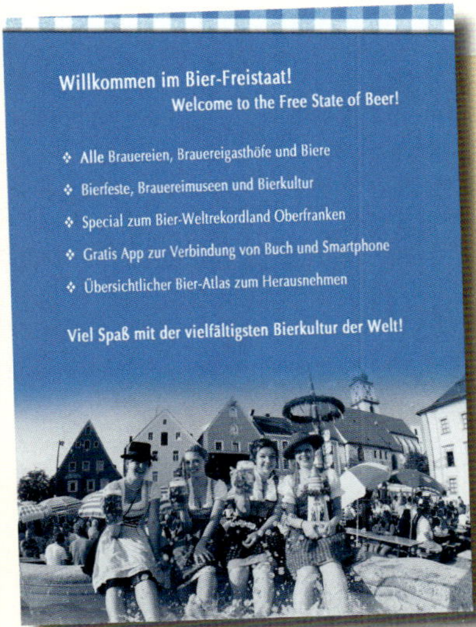

Buchdaten:

Autoren: Bastian Böttner / Markus Raupach
Titel: Bier aus Bayern - Bavarian Beer Guide. Alle Brauereien und ihre Gasthöfe - All breweries and their brewpubs.

Verlag: Nürnberger Presse
672 Seiten, Preis: 19,90 €
ISBN: 978-3-931683-28-3

Jetzt im Buchhandel oder unter:
Telefon: 0911 216 22 88
E-Mail: buchvertrieb@pressenetz.de

AUF WIEDERSEHEN!

Im wahrsten Sinne des Wortes freuen wir uns darauf, Sie entweder persönlich in einer der zahlreichen Berliner Lokalitäten oder vielleicht als Leser/in in einem unserer anderen Bücher wieder zu sehen. Wir hoffen, Sie hatten Freude und so manche Erkenntnis bei der Lektüre. Und wir freuen uns auf Ihr Feedback (Kontakt siehe Seite 6) und bitten um Entschuldigung, falls mal eine Angabe nicht gestimmt haben sollte. Wir arbeiten zwar mit größter Sorgfalt, aber sind auch nur Menschen.

Und das ist auch gut so... denn wir haben die Berliner Brauer ebenfalls als Menschen erlebt und ganz tief ins Herz geschlossen. Jeder kämpft auf seine Weise für seinen Betrieb und sein Produkt, ist stolz darauf und brennt für gutes Bier und die Berliner Bierkultur. Wie Thomas Morus schon sagte: „Tradition ist nicht das Halten der Asche, sondern das Weitergeben der Flamme.“ In diesem Sinne hoffen wir, Sie ein bisschen mit dem Feuer der Bierbegeisterung angesteckt zu haben und verbleiben bis zum nächsten Buch...

UNTIL NEXT TIME!

In the very truest sense of the words, we hope that we'll see you again, whether it's in person at one of the countless beer bars in Berlin, or perhaps as a reader of one of our other books. We hope you enjoyed your journey here with us and that you've learned a little something new in the process. We look forward to your feedback and also beg your forgiveness should you stumble upon any inaccuracies that inadvertently crept in. We worked on this book very meticulously, but we have to admit that we are only human and will make amends in the next editions.

On the other hand, we are very happy to be human…on our journey we learned that the amazing brewers of Berlin are humans, too, and we will never forget them for their kindness and humanity. Every one of them has had his/her own challenges: They have all fought for their businesses and their beer, and they are proud of what they have made, and they're proud of their city of Berlin. As Thomas More once so eloquently said, "Tradition is not about holding onto the ashes; it's about passing the flame." In this sense, we hope that we have managed to help kindle that fire in you that hopefully now burns even more for beer, and we look forward to our next adventures with you, perhaps even in our next book…